Atracción

Cómo y Por qué los EMPÁTI-COS atraen a los NARCISISTAS

by KARA LAWRENCE

© **Copyright 2019 – Todos los Derechos Reservados.**

El contenido de este libro no puede ser reproducido, duplicado o transmitido sin el permiso escrito directo del autor o del editor.

Bajo ninguna circunstancia se podrá culpar o responsabilizar legalmente al editor, o al autor, por cualquier daño, reparación o pérdida monetaria debida a la información contenida en este libro, ya sea directa o indirectamente.

<u>Aviso Legal:</u>

Este libro está protegido por derechos de autor. Es sólo para uso personal. No puede modificar, distribuir, vender, usar, citar o parafrasear ninguna parte, o el contenido de este libro, sin el consentimiento del autor o editor.

<u>Aviso de Descargo de Responsabilidad:</u>

Tenga en cuenta que la información contenida en este documento es sólo para fines educativos y de entretenimiento. Se han realizado todos los esfuerzos para presentar información precisa, actualizada, fiable y completa. No se declaran ni se implican garantías de ningún tipo. Los lectores reconocen que el autor no está involucrado en la prestación de asesoramiento legal, financiero, médico o profesional. El contenido de este libro ha sido derivado de varias fuentes. Por favor, consulte a un profesional con licencia antes de intentar cualquier técnica descrita en este libro.

Al leer este documento, el lector acepta que bajo ninguna circunstancia el autor es responsable de las pérdidas, directas o indirectas, que se produzcan como resultado del uso de la información contenida en este documento, incluyendo, pero sin limitarse a, errores, omisiones o inexactitudes.

Tabla de Contenidos

Introducción
   Capítulo 1: 15 Señales de Alerta de una Relación Tóxica

1. Hablemos de Mí
2. Ponen A Otras Personas en Tu Contra
3. Son Manipuladores
4. Infancia Fragmentada
5. Parecen Increíblemente Encantadores... Tal Vez Demaiado Encantadores
6. La Palabra "Amor" Sale Un Poco Antes de Tiempo
7. Te Enloquecerán A Través de Engaños
8. Los Amigos A Largo Plazo No Están En La Lista
9. Nunca Se Disculpan
10. Estás Caminando Sobre Cáscaras de Huevo
11. Estás Emocionalmente Agotado
12. Necesitas Seguir Los Roles Estrictos
13. Te Destrozan
14. Mienten
15. Das Más De Lo Que Recibes

Capítulo 2: ¿Qué Es Un Narcisista y Cómo Lo Atraigo?

Características Comunes de un Narcisista
Tipos de Narcisistas
¿Por qué yo?

Capítulo 3: Piezas de Rompecabezas Tóxicas: Características Complementarias de Empatía y Narcisismo

Características de un Empático
Características Complementarias

Capítulo 4: ¡Empatía al Rescate! ¿Por Qué Las Mujeres A Menudo Quieren "Arreglar" A Los Hombres Que Muestran Un Comportamiento Herido?

Sientes Que Es Tu Misión
No Puedes Soportar Ver A Nadie Herido
Estás Llena de Amor
Crees En Ellos
Estás Educando
Crees Que Eres El Sabor De Su Vida

Capítulo 5: Etapas de Una Relación Tóxica - ¿Se Relaciona Contigo?

Etapa Uno: La Atracción
Etapa Dos: La Primera Bandera Roja
Etapa Tres: La Relación se Enfoca en el Narcisista
Etapa Cuatro: El Narcisista Tiene el Control
Etapa Cinco: El Empático Encuentra su Punto Álgido
Etapa Seis: Plan de Escape
Etapa Siete: Sanación

Chapter 6: ¿Es Mi Pareja un Vampiro Energético O Emocional? Toma Este Quiz

Cinco Tipos de Vampiros Energéticos/Emocionales
Preguntas:
Tus Resultados

Capítulo 7: ¿Qué Es Codependencia?

Señales de una Relación Codependiente
Estás en una Relación Codependiente, ¿Ahora Qué?

Capítulo 8: Estableciendo Límites E Imponiéndolos

Establecer Límites
Imponer Límites

Capítulo 9: Si Soy Un Empático, ¿Por Qué No Sentí al Narcisista?

¿Cuán Fuerte Es Tu Conexión?
Tú Necesidad de Ayudar es Poderosa
No Estabas Poniendo Atención A Las Señales
No Entendías el Narcisismo
Pero la Razón Más Grande de Todas: Manipulación

Capítulo 10: Escapando de la Relación Tóxica y Recuperándose

Terminar la Relación Tóxica
Encontrar el Valor de Irse
Pasos para la Sanación

Capítulo 11: Tomando Medidas Preventivas

¿Te Comportas Como Tu Mejor Yo En Su Presencia?
¿Cómo Te Sientes Cuando Estás Con Ellos?
¿Facilitan Tu Creatividad?
Aprender De Tus Errores
Volviendo a la Mentalidad Correcta

Conclusión
Referencias

Introducción

"La empatía consiste en estar en el lugar de otra persona, sentir con el corazón de él o ella, ver con sus ojos. La empatía no sólo es difícil de externalizar y automatizar, sino que hace del mundo un lugar mejor". - Daniel H. Pink (Walter, 2019).

¿Estás atrapado en un agotador y repetido ciclo de malas relaciones que siempre resultan igual? ¿Estás naturalmente dando y constantemente te encuentras siendo aprovechado por los tomadores crónicos? ¿Alguna vez has notado que atraes al mismo tipo de persona una y otra vez y te preguntas por qué? ¿Te gustaría entender los elementos que están impulsando esta atracción y alimentando este frustrante y tóxico ciclo? Si respondiste "sí" a alguna de estas preguntas, ¡sigue leyendo!

Hay muchos libros que ofrecen ayuda para la recuperación después de una relación tóxica, pero hasta la fecha no hay ninguno que sólo explore el origen de la atracción que las personas sensibles y los narcisistas tienen el uno por el otro. Entender por qué este par de tipos de personalidad es casi irresistible para las partes involucradas es la única manera real de garantizar la esperanza de romper el ciclo y finalmente encontrar la relación sana, satisfactoria y recíproca que muchos de nosotros anhelamos pero que no hemos podido encontrar.

Hubo un tiempo en el que yo también estaba atrapada en lo que parecía ser un récord romper relaciones malas, y a menudo emocionalmente abusivas. Vi a amigos con parejas que se preocupaban y daban que parecían felices en sus relaciones mutuamente beneficiosas, y siguieron con compromisos a largo plazo, pero yo parecía atrapada en el repetido (y fallido) experimento de tratar de "arreglar" a alguien roto. Me preguntaba por qué me sentía tan atraída inconscientemente por aquellos que eran claramente malos para mí.

En este libro, finalmente responderemos a la pregunta de por qué los narcisistas y las personas sensibles y empáticas se sienten fuertemente atraídas unas a otras. ¿Cuáles son las causas psicológicas que constantemente atraen a estos dos el uno hacia el otro, y cuáles son las tácticas engañosas que el narcisista indiferente usa para enganchar al empático y mantenerlos encerrados en la relación? Comenzaremos a entender con perfecta claridad por qué los tomadores crónicos atraen a los dadores naturales, y cómo esta alimentación mutua puede ser completamente agotadora para los sensibles.

Armado con las sorprendentes verdades que descubrí sobre el tema, y que ahora he incluido en este libro, finalmente pude estar atenta a las señales de advertencia de atracción que era explotadora, en lugar de amorosa. Esto me permitió darme cuenta de mi verdadero potencial de usar mis dones únicos para el bien de una relación que se convirtió en un compromiso a largo plazo, en lugar de usarlos para alimentar a los que no son saludables.

Aquellos que han sufrido como yo sólo necesitan primero tener un despertar de que algo anda mal (el cual han tenido si están leyendo este libro), aprende sobre la dinámica de la atracción tóxica (lo cual harán cuando lean este libro), y tomar acciones preventivas y defensivas en el futuro en contra de tolerar el abuso, lo cual sé que son lo suficientemente fuertes para hacer.

Aquellos que no saben lo que está causando su historia de relaciones malsanas están condenados a repetirlo, y cuanto más esperan para examinar lo que está sucediendo, más tiempo la dinámica tóxica se solidifica en sus mentes.

No dejes que el ciclo continúe. Hay todo un mundo ahí fuera con una pareja potencial que te apreciará, se beneficiará de tus dones y corresponderá a tu afecto en lugar de pedirte que cambies por ellos, haciéndote dudar de ti mismo y agotando tu energía por completo. Mejora tu comprensión y comienza el proceso de sanación hoy mismo; ¡es mi deseo que disfrutes y te beneficies de este libro!

Capítulo 1: 15 Señales de Alerta de una Relación Tóxica

Uno de los primeros, y a veces el más difícil, pasos para salir y sanar de una relación tóxica es darse cuenta de que eres parte de una. Como empático, la comprensión puede llegar a ser más difícil porque nos sentimos más profundos que otras personas. Por lo tanto, las mismas preguntas que todos se hacen sobre "¿Cómo sucedió esto?" "¿Por qué me dejé atrapar?" "¿Por qué no me di cuenta de las señales antes?" nos desgarra un poco más. No hay nada malo con nosotros cuando esto sucede ya que todo es parte de nuestro don. Sí, sé que a veces nuestras habilidades empáticas parecen más bien una maldición, pero no lo son. Son un don maravilloso que recibimos del universo, el cual nos permite tratar de ayudar a la gente de una manera que otra persona no puede. Desafortunadamente, esto también puede conectarnos con algunas personalidades, tales como el narcisismo, que puede llegar a ser tóxico.

Al leer las señales de alerta, hay un factor que necesitas tener en cuenta: cada relación y cada persona es diferente. En realidad, hay más de 40 señales de alerta de una relación tóxica. El hecho de que no tengas una o dos señales de alerta no significa que no estés en una. Entiendo que es fácil decir: "Eso no encaja en mi relación, así que no es tóxico". La verdad es que esa señal podría no ser parte de tu relación, o que no la hayas notado todavía. De cualquier manera, es importante que entiendas estas señales.

También es importante saber que estas señales pueden ser difíciles de ver. Al principio de una relación, estamos en una fase de estar en las nubes. Creemos que la persona con la que estamos es nuestra alma gemela. Los amamos, y pensamos que nunca nos harían daño. Nos esforzamos por hacerlos felices mientras imaginamos construir una familia, comprar la casa de nuestros sueños y envejecer con esta persona. El amor puede nublar nuestro juicio e incluso impedirnos ver la verdad.

A veces puedes sentir que algo no está bien. Los empáticos a menudo tienen sensaciones intuitivas que no siempre entendemos. Si alguna vez recibes una de estas sensaciones de que algo no está bien, simplemente no puedes identificarla, toma nota de la sensación. ¿Cuáles son tus pensamientos? ¿Cuáles son tus emociones? Escucha tus instintos, ya que te ayudarán a notar algunas de estas señales de alerta temprana.

1. Hablemos de Mí

UNO DE LOS RASGOS DE personalidad bien conocidos de un narcisista es su capacidad para hablar de sí mismo. Mientras que todos sienten que el mundo gira un poco a su alrededor, los narcisistas llevarán esta creencia al extremo, al igual que sienten genuinamente que el mundo gira a su alrededor.

Estás sentado para una cena agradable en tu restaurante favorito con la pareja con la que has estado saliendo durante tres meses. Sonríes y dices: "Me encanta este lugar. He venido aquí desde que era una niña. Mi mamá..." luego te interrumpen diciendo: "Nunca he estado aquí antes; en realidad, no es mi estilo. Pero haré cualquier cosa para hacerte feliz porque te amo". Luego, tu pareja regresa al menú para que continúes con tu historia. Unos segundos después, comienzan a hablar de sí mismos de nuevo.

Es importante darse cuenta de que él no es como tu amigo que a menudo habla de sí mismo. Un narcisista es una persona que no tiene interés en escuchar acerca de la vida de otra persona. Debido a que no tienen sentido de la moral, ni siquiera intentarán parecer interesados en tu vida. No te harán preguntas para conocerte mejor porque no les importa. No están en la relación para llegar a conocerte. Están en la relación, así puedes ayudarlos. Puedes darles lo que quieren. Escucharás como hablan de sí mismos. Serás su animadora y les darás simpatía cuando lo deseen. Por ejemplo, nunca te preguntarán cómo te fue en el día. Quieres encontrar a alguien que te mire y te pregunte: "¿Cómo te fue hoy?" o "¿Cómo te sientes hoy?"

2. Ponen A Otras Personas En Tu Contra

COMENZARÁS A ESCUCHAR frases como: "No les importas" o "A mi familia no le gustas" al principio de la relación. Estas declaraciones suelen salir cuando estás teniendo una discusión o haz hecho algo para hacer que tu pareja no esté satisfecha. Si te preguntas por qué dirían algo así, es posible que los escuches describiendo tus acciones o comportamientos que quieren cambiar. Es importante recordar que cuando tu pareja te dice algo así, no está hablando de sus familiares, amigos o tus amigos. Están hablando de sí mismo. Está tratando de engañarte para que cambies tu comportamiento por él. Todo el mundo quiere ser querido y un narcisista lo entiende. Por lo tanto, esto puede convertirse rápidamente en una de sus tácticas manipuladoras o juegos mentales.

3. Son Manipuladores

LOS NARCISISTAS SON conocidos como maestros manipuladores. La manipulación es cuando alguien trata de cambiar el comportamiento de otra persona para obtener lo que quiere. Hay varias formas de manipulación. Si te das cuenta de que tu pareja te está humillando, por ejemplo, diciendo "No seas tonto" o "No seas estúpido", están usando la manipulación. Otro ejemplo es usar su tamaño para sobresalir sobre ti mientras te amenazan. También te intimidarán o harán bromas a tu costa. Hablaré de la manipulación con más detalle más adelante en este libro. Sin embargo, me pareció importante mencionarlo aquí porque es una señal de alerta común de un narcisista.

4. Infancia Fragmentada

LAS PERSONAS NO NACEN con tendencias narcisistas; se crean en una persona que tuvo una infancia difícil. Por lo general, la infancia de un narcisista contiene historias de abuso y negligencia. Es posible que los narcisistas no hablen mucho de su infancia, pero cuando lo hacen, no tiene sentido. Mientras que pueden pintar un cuadro de una familia perfecta, tú puedes ver los agujeros en las historias o ver la historia de manera diferente. Por ejemplo, tu cita podría hablar de lo increíble que es su familia, pero nunca te da una razón para ello. Incluso cuando preguntas, tiende a divagar en la respuesta, cambiar el tema, o actuar como si no lo hubiera escuchado. También puedes notar que empieza a ser un poco más agresivo, especialmente si sigues preguntando "por qué". Por ejemplo, su tono podría empezar a volverse defensivo.

5. Parecen Increíblemente Encantadores... Tal Vez Demasiado Encantadores

AL PRINCIPIO, PARECE que nuestra nueva pareja es increíblemente encantadora. De hecho, puedes creer que son casi perfectos. Por ejemplo, despiertas cada mañana con un mensaje suyo que dice: "Que tengas un gran día. Te amo." También puedes recibir el mismo tipo de mensajes a lo largo del día. Parece que se interesan mucho por tu vida, lo que estás haciendo, hacia dónde vas y cómo te sientes. Te darán llamadas, regalos y te harán sentir especial.

Te hacen sentir así porque los narcisistas creen que sólo pueden estar con alguien especial. Piensan que la persona promedio está por debajo de ellos y no deberían pasar su tiempo con ellos. Otra razón es que los narcisistas creen que las únicas personas quienes pueden apreciarlos es alguien de su nivel (Kassel, 2019).

Seguirán siendo increíblemente encantadores hasta que hagas o digas algo que no les guste. No te dirán lo que hiciste. Empezarán a tratarte de otro modo. Por ejemplo, no te enviarán un mensaje inmediatamente por la mañana. De hecho, podrían no enviarte en absoluto un mensaje algún día. Preguntarles sobre el tema les hará reaccionar de diferentes maneras. Podrían darte una razón, decirte que estaban ocupados o disculparse por su comportamiento.

6. La Palabra "Amor" Viene un Poco Antes de Tiempo

SI ESCUCHAS LA FRASE "Te amo" al principio de la relación, quieres tomar nota. Esto es una señal de alerta cuando se trata de un narcisista. Crearán conexiones artificiales en las primeras etapas de una relación. Aunque puede que sientas que es demasiado pronto en la relación para la palabra con "A", tus emociones te llevarán a un camino diferente. Tus emociones comenzarán a hacer una conexión más fuerte con ellos porque sientes que les importas. Tu mente puede que no crea que lo que están diciendo es verdad, pero tu corazón te va a decir algo diferente.

La conclusión es que si sientes que tu alguien especial está diciendo "Te amo" demasiado pronto en la relación, tienes que prestar atención a esto. Puede haber varias razones por las que te sientes de esta manera. Primero, probablemente es demasiado pronto para tener una conexión tan profunda. Segundo, tus instintos están tratando de llamar tu atención. Tercero, es otra señal de que algo no está bien en tu relación.

7. Te Enloquecerán Mediante Engaños

ENLOQUECERTE MEDIANTE engaños es uno de los mayores juegos mentales que usa un narcisista. Cuando estás enloqueciendo, empiezas a cuestionar tu realidad. Por ejemplo, notarás un cambio de comportamiento en tu pareja. Han pasado de mostrarte afecto, enviarte mensajes y llamarte diariamente, y darte regalos, a actuar distante y fríamente. Se lo dices porque quieres saber si algo anda mal o qué está pasando. Te engañan diciendo: "Estás imaginando esto. Te traje chocolates no hace mucho". Después de esto, regresan a sus formas afectuosas y cariñosas. Sin embargo, varias semanas después, comienzas a notar que sus comportamientos fríos vuelven a aparecer. Por supuesto, cuando lo vuelves a mencionar, te dicen lo mismo que la última vez. Este ciclo se repetirá, causando que comiencen a cuestionar tu realidad y estabilidad mental.

Los signos de enloquecer mediante engaños incluyen:

- A menudo te disculpas

- Tu confianza en ti mismo ha disminuido

- Te sientes más ansioso de lo normal

- Cuestionas tu sensibilidad preguntándote si eres demasiado sensible

- No te sientes como la persona que eras antes de empezar a salir con tu pareja

- Sientes que no puedes hacer nada bien

- Sientes que algo anda mal, pero no puedes señalarlo

- Te culpas a ti mismo cuando algo sale mal, aunque no sea tu culpa

- Creas excusas para el comportamiento de tu pareja

8. Los Amigos A Largo Plazo No Están

En La Lista

SI HAS ESTADO SALIENDO por varios meses y no has conocido a sus amigos, o rara vez habla de sus amigos, es hora de prestar un poco más de atención. Los narcisistas tienen dificultades para mantener amigos porque la mayoría de las personas sienten que son tóxicos. Mientras que las personas pueden pasar tiempo con ellos, generalmente comienzan a retroceder una vez que empiezan a notar sus características de personalidad desafiantes.

9. Nunca Se Disculpan

TE ENCUENTRAS DISCULPÁNDOTE todo el tiempo. Sientes que casi todo lo que sale mal es culpa tuya. A medida que contemplas tus emociones y conductas, empiezas a darte cuenta de que has cambiado. Ya no estás tan seguro de ti mismo como antes. Comienzas a sentir que estás perdiendo tu identidad. Luego piensa en la frecuencia con la que algo sucede por culpa de tu pareja. Piensa en todas las veces que has tenido que inventar excusas o disculparte por sus errores o mal comportamiento. Entonces te das cuenta de que nunca has oído las palabras "lo siento" o "me disculpo".

Uno de los factores que definen a un narcisista es que no se disculpa porque no ha hecho nada malo. Siempre tienen razón, y son los demás los que cometen errores. Si notas que nunca has escuchado las palabras "Lo siento" de tu pareja, es hora de ver otras señales de alerta de una relación tóxica.

10. Estás Caminando Sobre Cáscaras de

Huevo

CAMINAR SOBRE CÁSCARAS de huevo significa que eres cauteloso con todo lo que dices y haces porque no quieres que tu pareja se enfade. Los narcisistas se enojan rápidamente, así que no te toma mucho tiempo darte cuenta de que tienen mal humor. El mayor problema es que nunca se sabe realmente qué es lo que los va a desencadenar. Puedes hacer algo un día que has estado haciendo todos los días durante semanas, y ellos se enojan por ello. Su ira es a menudo atemorizante para muchas personas y puede llevar a la violencia. Por ejemplo, estás limpiando tu casa y accidentalmente rompes un jarrón. Este es un jarrón que tú compraste en una venta de garaje y que no tenía ningún significado especial. Sin embargo, tu pareja se da cuenta de todo lo que cambia y la última vez que rompiste algo, que era un vaso, te gritaron como un niño. De hecho, te dijeron que eres descuidada, que no puedes hacer nada bien y que eres peor que un niño. Todavía recuerdas las palabras exactamente como fueron dichas porque eran como mil agujas que te apuñalaban en el corazón. Por lo tanto, piensas rápidamente qué hacer. Por supuesto, tienes que limpiar el desorden, pero te preguntas si deberías salir corriendo y comprar un jarrón diferente. Tal vez no se dé cuenta si puedes comprar un jarrón azul similar. A medida que estás limpiando los pedazos rotos, tu corazón comienza a latir a medida que sientes que se aproxima un ataque de pánico. Te detienes a respirar profundamente para tratar de calmar los nervios.

11. Estás Emocionalmente Agotado

ES FÁCIL PARA UN EMPÁTICO sentirse emocionalmente agotado. Por eso es importante tomarse un poco de "tiempo para mí" y recargar. Mientras continúes haciendo esto diariamente, te recargarás y estarás listo para enfrentarte a otro día. Desafortunadamente, cuando estás en una relación tóxica, es difícil de recargar. Esto no sucede porque no puedes encontrar el tiempo para hacerlo, sino porque tu pareja está llena de negatividad. Esto significa que tu casa, tu auto, cualquier lugar en el que hayan estado, está lleno de su energía. Esto puede causar que te deprimas, lo cual puede conducir a otros problemas psicológicos. Si sientes que ya no se está recargando como antes, es hora de echar un vistazo a tu relación.

12. Necesitas Seguir Los Roles Estrictos

LOS NARCISISTAS NECESITAN tener el control. Comenzarán a tomar el control al principio de la relación. Por lo general, esto sucede gradualmente, por lo que no lo notarás de inmediato. Mientras que eventualmente notarás un cambio gradual, es difícil captarlo a medida que comienza a suceder. Un factor acerca de tu nuevo rol es que sientes la necesidad de mantenerlo. Sabes que lo que estás haciendo funciona, ya que hace feliz a tu pareja. Por lo tanto, incluso si no estás contento, vas a seguir adelante porque no quieres hacerlos enojar. Esta es una de las formas en que los narcisistas te atrapan en la relación.

13. Te Destrozan

NO IMPORTA CUÁNTO TIEMPO hayan estado juntos, tu pareja sabe cómo hacerte sentir mal, presionar tus botones y destrozarte. Saben cómo hacerte sentir ciertas emociones, las cuales utilizarán para beneficiarse a sí mismos. Por ejemplo, estás teniendo una discusión con tu pareja. Has sacado a relucir conductas que son una señal de alerta para el narcisismo y decirle a tu pareja que ya no tolerarás ciertas conductas. Como una forma de desviar la atención del comportamiento que el narcisista quiere ocultar o negar, empiezan a culparte. Te dicen que la única razón por la que te controlan es porque actúas como un niño y necesitas que te ayuden a crecer. Luego te dicen que no puedes alcanzar tus sueños y metas sin ellos. Harán esto tan a menudo que comenzarás a creerles.

14. Mienten

COMO EMPÁTICO, ES FÁCIL saber cuándo alguien está mintiendo. Tenemos la sensación de que algo no está bien y a veces pensamos: "Eso no es verdad". El problema es que muchos de nosotros luchamos con nuestros instintos, pensamientos y sentimientos y no queremos actuar en consecuencia. Pensamos: "¿Qué pasa si mis sentimientos están equivocados?" Pensamos en lo mucho que lastimaríamos a la otra persona y dañaríamos nuestra relación. Estos son pensamientos que no podemos manejar para que se hagan realidad. Por lo tanto, nos resulta más fácil permanecer callados, lo que a menudo nos hace sufrir en silencio.

Si estás conversando con tu pareja y te dicen algo que te hace creer que están mintiendo, cree en ti mismo. Se necesita mucho valor para enfrentarlos en una mentira, pero te sentirás mejor. Encima de esto, empezarás a defenderte y recuperarás algo de control.

15. Das Más De Lo Que Recibes

LOS EMPÁTICOS SON DADORES, y no nos importa ir más allá por otras personas. Mientras que muchas relaciones tendrán una persona que da más de lo que recibe, por lo general es bastante igual o funciona para la pareja. Sin embargo, cuando un empático y un narcisista están juntos, el empático da y el narcisista toma. Incluso cuando están haciendo algo, como regalarte chocolates y flores, tienen un motivo. Todo lo que un narcisista hace es siempre por sí mismo. No son capaces de dar como la mayoría de la gente porque sus cerebros no están conectados de esa manera.

Capítulo 2: ¿Qué Es Un Narcisista y Cómo Lo Atraigo?

A menudo escuchas y dices la palabra "narcisista", pero ¿realmente sabes lo que significa la palabra? Debido a que se trata de un trastorno de personalidad psicológica, existen definiciones clínicas que los psicólogos y terapeutas profesionales deben seguir mientras diagnostican a sus pacientes.

Es importante darse cuenta de que el narcisismo es un trastorno de la personalidad. No piensan y sienten de la misma manera que una persona común porque no están preparados para hacerlo. Existe un debate sobre cómo el Trastorno de la Personalidad Narcisista crece en una persona, pero muchos expertos creen que se debe al trauma infantil y a los genes. Sin embargo, el estudio de los genes está todavía en sus primeras etapas de desarrollo, lo que significa que se necesita mucha más investigación para que esto sea definitivo. No importa cómo tu pareja llegó a ser narcisista, necesitas darte cuenta de que ellos no pueden controlar su comportamiento sin una terapia extensiva y medicamentos. Por supuesto, es extremadamente difícil conseguir que un narcisista crea que necesita terapia porque, en su mente, son perfectos.

Comprender el Trastorno de la Personalidad Narcisista te ayudará a superar los efectos de tu relación tóxica. Te traerá una sensación de paz, permitiéndote darte cuenta de varios factores que siempre están en la mente de un empático durante y después de una relación tóxica.

1. No es tu culpa.

2. No podrías hacer nada para ayudarles a superar su narcisismo.
3. No *puedes* arreglarlos.

Características Comunes de un Narcisista

ALGUNAS DE ESTAS CARACTERÍSTICAS, como el control del comportamiento y enloquecerte mediante engaños, las he discutido en el capítulo anterior. Sin embargo, hay varias características comunes de un narcisista que merecen ser destacadas.

Sentido de Grandiosidad de Autoimportancia

EN LA SOCIEDAD ACTUAL, la gente suele decir: "Son narcisistas" cuando alguien habla mucho de sí mismo. Otra palabra usada para explicar esto es arrogante; sin embargo, hay una diferencia entre grandioso y arrogante.

Cuando alguien es arrogante, cree que es el mejor, pero no usa su arrogancia para herir a alguien que ama y quiere. Todavía consideran cómo sus declaraciones y acciones harán que otras personas sientan. También piensan en su futuro financiero. Cuando alguien es grandioso, no le importa a quién hace daño para sentirse más importante. Tampoco piensan demasiado en ninguna consideración financiera porque esto no les afecta.

Un narcisista espera ser reconocido como mejor que los demás. Tampoco creen que necesiten trabajar por sus logros. La gente debería simplemente darles lo que quieren por lo que son. Exageran sus logros para dar a la gente la impresión de que son mejores que los demás. Un narcisista necesita que la gente crea que son especiales.

Un grandioso sentido de autoimportancia es una de las características clave del narcisismo porque es fácil de detectar. Es importante notar que esta es una característica natural de una persona narcisista. No pueden ocultar esta parte de ellos a nadie. Por lo tanto, también puede ser una señal de alerta de un narcisista. Si estás saliendo con alguien y ellos están constantemente hablando acerca de lo grandiosos que son y sus increíbles logros, activa tus habilidades detectivescas. Quieres buscar pruebas de sus logros. Si estás saliendo con un narcisista, te darás cuenta rápidamente de que están exagerando.

Carece de Empatía

LA CARACTERÍSTICA DE la que estás lleno, les falta. La mayoría de la gente tiene empatía dentro de ellos. Algunas personas lo sentirán más fuerte que otras. La cantidad de empatía que tenemos dentro de nosotros no significa que una persona sea mejor que la otra. Significa que las personas con más empatía, como tú, tienen un don especial para ayudar a entender mejor a una persona. Por eso es importante que entiendas el Trastorno de la Personalidad Narcisista.

La empatía es cuando una persona puede sentir las emociones de otra persona. Ellos son absorbidos por ti. No necesitas hablar con la persona; puedes sentir cuando alguien está triste, enojado, frustrado, emocionado, feliz o solo simplemente entrando a una habitación. A veces, sientes la emoción tan fuertemente que se vuelve abrumadora y sientes que te quita el aliento. Los narcisistas no son capaces de entender esto porque no muestran empatía. La empatía no les dice cómo se sienten, y no les va a ayudar a conseguir lo que quieren. Por lo tanto, no van a tratar de desarrollar empatía.

El hecho es que todos nacen con empatía. Para algunos de nosotros, se desarrolla con fuerza de forma natural. Otras personas pasarán su tiempo mejorando su empatía, para que puedan hacer lo que puedan para ayudar a la gente. A los narcisistas no les importará desarrollar su empatía. Si empiezan a sentir un poco de empatía, especialmente en sus años de juventud, cuando el narcisismo está comenzando a desarrollarse, la empujarán hacia un lado o la ignorarán. La empatía es un rasgo dentro de nosotros que necesitamos usar para dejarla crecer. Cuando no lo usamos, se va marchitando.

Fantasías Fuertes

EN CIERTO MODO, LOS narcisistas viven en un mundo de fantasía, y probablemente sabes exactamente de lo que estoy hablando. Por ejemplo, en sus esfuerzos por tratar de ayudar a tu pareja narcisista, trataste de hacerles ver el error de sus maneras. Les diste ejemplos, e incluso podrías haberlos grabado para que pudieran ver su propio comportamiento. Sin embargo, nada parecía funcionar. Nunca parecían entender lo que decías. En vez de eso, te dirían lo bien que se veían.

No importa lo que fantaseen, ya sea poder, inteligencia o amor, lo necesitan y lo tendrán. Negarán todo lo que apunta a su mal comportamiento o no los pone en la luz que tienen para sí mismos. Mucha gente cree que un narcisista niega sus acciones como una forma de ignorar cómo se ven ante otras personas. Esto no es necesariamente cierto. Cuando el mundo de fantasía de un narcisista se fortalece, realmente creen que otras personas están diciendo mentiras sobre ellos. No se ven a sí mismos como los demás. Puede que incluso empiecen a creer que otras personas van a por ellos.

Creen Que La Gente Tiene Envidia

LOS NARCISISTAS CREEN que la gente quiere ser como ellos. Realmente creen que son una de las mejores, si no la mejor persona en este mundo. Son más importantes que algunas de las personas más poderosas del mundo. Por lo tanto, ¿por qué alguien no estaría celoso de ellos? Si escuchaste a tu pareja hablar de cómo "Sólo están celosos" o "Desearían poder ser tan grandes como yo" son narcisistas.

Tipos de Narcisistas

UN FACTOR QUE NO QUIERO que le quites a este libro es que los narcisistas están buscando empatía. Los narcisistas no buscan a nadie. Nadie quiere atraparte porque eres un empático. Lo que un narcisista quiere es lo que vas a ofrecerles, lo que le ofrecerías a cualquiera: tu compasión, amor, perdón y otras características de tu personalidad.

Hay diferentes tipos de narcisistas y es importante que seas capaz de distinguir entre estos tipos porque cada uno trae diferentes rasgos y problemas a la mesa.

Primero, comencemos con los dos tipos principales de narcisistas:

Narcisistas Invulnerables

TODOS LOS NARCISISTAS tendrán los patrones de comportamiento típicos que ya hemos discutido, como el grandioso sentido del yo y la creencia de que la gente está celosa de ellos. Sin embargo, los narcisistas también se descomponen en otros patrones de comportamiento, que es cómo obtenemos los dos tipos principales y los varios subtipos.

Un narcisista invulnerable es el narcisista estereotipado. Son los que tienen mucha confianza en sí mismos, no se preocupan por los demás, utilizan a las personas, son manipuladores y sólo tienen emociones para sí mismos. Quieren reconocimiento y quieren que la gente crea que son especiales.

Muchos psicólogos explicarán que el narcisista invulnerable sufre del complejo de Dios. Es entonces cuando la gente realmente cree que tiene características especiales de personalidad que los hacen mejores que cualquier otro (Luna, n.d.).

Los Narcisistas Vulnerables

LOS NARCISISTAS VULNERABLES tienen muchas de las mismas características que los invulnerables; sin embargo, son sensibles. Se preocupan por las emociones de los demás y entienden que pueden dañar a las personas con su comportamiento. De hecho, mucha gente ha empezado a referirse a los narcisistas vulnerables como "narcisistas empáticos". Si quieres referirte a ellos como empáticos depende de ti. Los factores que necesitas recordar son las diferencias entre un narcisista, incluso uno que es sensible, y los empáticos.

Quiero tomarme un tiempo para discutir que no debes tratar de diagnosticarte a ti mismo como un narcisista empático. Todo el mundo tiene tendencia a ser un poco narcisista. Esto se debe a que no importa cuánto nos esforcemos por ayudar a otras personas, tenemos una pequeña tendencia a creer que el mundo gira en torno a nosotros mismos. Creemos que nuestros problemas son más grandes de lo que realmente son. El hecho de que a veces pienses "lo que es mejor para mí" o "lo que quiero ganar con esto" no significa que seas narcisista. Significa que eres humano.

En el fondo, los narcisistas vulnerables se consideran indignos. Luchan con el amor propio porque no tienen una alta autoestima. Mientras actúan como si fueran mejores que los demás, simplemente están tratando de enmascarar lo que realmente sienten, que es que todos son mejores que ellos.

Dentro de los dos tipos principales hay cuatro subtipos.

El Narcisista Compensador

ESTE TIPO DE NARCISISTA necesita dar un espectáculo a la gente para que se haga cargo de sus traumas pasados. Debido a que luchan por manejar las críticas, sólo se enfocarán en las personas que son emocionalmente sensibles. Quieren personas que vean tan débiles emocionalmente como podrán hacer valer más fácilmente su control sobre la persona. Además, los empáticos les permitirán contar sus historias inventadas, les darán simpatía y les harán sentir emocionalmente más fuertes. Los empáticos darán al narcisista compensador los elogios que anhelan. Para conseguir lo que quieren, este tipo de narcisista se centrará en la manipulación.

El Narcisista Amoroso

EL NARCISISTA AMOROSO se centra en sus aventuras sexuales para conseguir lo que quieren. Sólo hay una razón por la que pasan su tiempo con alguien y es para que puedan tener una relación sexual y seguir adelante. Se enorgullecen del número de personas con las que han tenido encuentros sexuales. Aunque pueden tener una relación seria por un período, generalmente no es tan larga. Una vez que consigan lo que quieren, pasarán a su siguiente objetivo.

El Narcisista Maligno

EL NARCISISTA MALIGNO es uno de los tipos más peligrosos porque no les importa lo que están haciendo o a quién lastiman en el proceso. De hecho, algunos se deleitarán en lastimar a otras personas. A menudo se les encuentra en prisiones y pandillas, ya que normalmente utilizan la violencia y violan las leyes para obtener lo que quieren. No tienen ningún tipo de valor moral en su vida porque no ven el sentido. A menudo se refieren a ellos como psicópatas, pero también pueden encontrar el espectro del trastorno de personalidad antisocial.

El Narcisista Elitista

CUANDO PIENSAS EN UN narcisista quien tiene un enorme ego, estás pensando en el elitista. Ellos creen que son especiales y únicos. Son mejores que otras personas y todo el mundo debería saberlo naturalmente; es decir, no deberían tener que decírselo a la gente. Creen que, con sólo verlos, sabes que son la mejor persona que hayas conocido. No importa si eres miembro de la familia del narcisista, pareja o compañero de trabajo, ellos tienen un sentido de derecho en todas las áreas de su vida. A menudo se jactan de sí mismos y creen que todo el mundo debería elogiarlos.

¿Por qué Yo?

PROBABLEMENTE TE HAS hecho la pregunta de "¿por qué yo?" varias veces a lo largo de tu relación tóxica. De hecho, es probable que todavía te hagas esta pregunta. La verdad es que hay un imán invisible que conecta a los empáticos con los narcisistas. Ambos tipos de personas son capaces de sentir inconscientemente los rasgos de personalidad del otro. Para ser empático, vemos a alguien que ha sufrido daños emocionales y mentales. Para un narcisista, ven a alguien a quien pueden controlar y aprovecharse fácilmente. Ven a alguien que les va a dar lo que quieren.

Los Opuestos Se Atraen

SI ALGUNA VEZ HAS OÍDO la frase "los opuestos se atraen", es cierto cuando se trata de narcisistas y empáticos. Cuando buscamos una pareja, buscamos a alguien que nos ayude a equilibrarnos. Debido a que los empáticos luchan por concentrarse en sí mismos, van a encontrar a alguien que sabe cómo concentrarse en sí mismos. Aprender a enfocarnos más en nosotros mismos nos ayudará a equilibrarnos, ya que nos permitirá darnos cuenta cuando estamos haciendo demasiado esfuerzo y no obteniendo lo suficiente a cambio. Además, nos ayudará a recargarnos, para que podamos continuar usando nuestras habilidades empáticas para ayudar a otras personas. Piénsalo de esta manera: aprender a tomar "tiempo para mí" que necesitamos ayudará a que nuestras mentes, emociones y vida se vuelvan más pacíficas. Esto nos permitirá pensar con más claridad, lo que nos ayudará a fortalecer nuestras capacidades para ayudar a los demás.

Los opuestos que se atraen nos llevan de vuelta al papel de dar y tomar entre los empáticos y los narcisistas. Le das a un narcisista porque quieres ayudarlos. Quieres que sanen sus heridas internas que la mayoría de la gente no puede sentir. Estas son heridas que sientes con tanta fuerza, y te duele sentirlas. Esto te lleva a entenderlos un poco más. En este punto, es a menudo tan temprano en la relación que no te das cuenta de sus tendencias narcisistas. A medida que continúas dando, ellos continúan tomando, ya que esto les ayuda a sentirse más poderosos. Alimenta sus características narcisistas.

Los Narcisistas Están Heridos

PODEMOS SENTIR LAS heridas que un narcisista tiene más que ellos. Podemos sentir su dolor y sufrimiento emocional y psicológico. Debido a que funcionamos con nuestras emociones, esto nos abruma, y queremos hacer todo lo que podamos para ayudarlos a sanar.

Cuando conoces a un narcisista, puedes sentir su dolor. Entonces se ve cómo están tratando de obtener la aprobación que la gente desea tan desesperadamente. No importa si eres un narcisista, un empático o cualquier otra persona; todos tenemos una necesidad humana básica de sentir amor y aprobación. Crees que puedes ayudarles a alcanzar esta aprobación y esto hará que su vida sea mucho mejor. Los empáticos son sanadores, y queremos hacer todo lo que podamos para sanar las heridas emocionales de alguien.

Desafortunadamente, los narcisistas no van a ver una empatía como una manera de ayudarlos a sanar emocionalmente. Te van a ver como alguien que puede darles la validación que desean. No piensan que necesitan cambiar, el narcisista está pensando en cuánta atención y elogios les darás.

Los Empáticos Ignoran el Comportamiento Negativo

SI BIEN ES POSIBLE que notes un comportamiento o emociones negativas, las va a empujar a un lado. Hacemos esto porque nos ayuda a enfocarnos más en lo positivo. A medida que absorbemos las emociones, pueden llegar a ser abrumadoras, haciéndonos sufrir. Como sanadores, sabemos que no podemos ayudar a alguien si estamos sufriendo internamente. Por lo tanto, decidimos hacer lo que podamos para bloquear cualquier negatividad. El problema es que estas emociones todavía están apegadas a nosotros hasta que nos tomemos el tiempo para limpiarnos.

Los Empáticos Se Vuelven Ciegos Ante el Comportamiento Dañino

SABEMOS CUÁNDO ALGUIEN nos hace daño emocional, físico o psicológico. Sin embargo, a menudo tomamos el enfoque de "ellos están sanando" o el de "ellos no pueden evitarlo" como una forma de entender su comportamiento. Cuando empiezas a pensar de esta manera, les abres la puerta para que continúen con su comportamiento. Te permites ser un saco de arena emocional ya que crees que esto les ayudará a sanar. Con el tiempo, te acostumbras al comportamiento que te ciega. Esto significa que ni siquiera te das cuenta de que está sucediendo. Desafortunadamente, todo lo que esto hace es permitir que el comportamiento y la relación continúen. También te arrastra más profundamente en la relación tóxica. Cuanto más profunda sea la relación, más difícil será salir de ella y más tiempo tendrás que dedicarle para curarte de los efectos.

Los empáticos quieren hacer lo que puedan para sanar al mundo. Esto se debe a que podemos ayudar a las personas a sanar a través de nuestros dones. Ayudamos a las personas a sentir que no están solas, y entendemos lo que sienten. Esto comienza automáticamente a ayudar a las personas a sanar porque queremos que otras personas entiendan. Le da a la gente un fuerte sentido de apoyo que a menudo les falta en los momentos difíciles. Aunque puede atraparnos en una relación tóxica, también es un regalo asombroso.

Al mismo tiempo, sentimos las emociones más fuertes y esto incluye las nuestras. Entiendo la sensación que puedes tener cuando lees la información anterior. Sientes que tu parte de la razón por la que quedaste atrapado en una relación tóxica. En realidad, lo que te atrapa de tal relación es no entender la conexión magnética que tienen la empatía y los narcisistas. Otra razón es no entender el narcisismo. Cuanto más conocimiento adquieras sobre los narcisistas y sobre ti mismo, más podrás protegerte de otra relación tóxica. Además, serás capaz de encontrar el valor para dejar una relación tóxica y sanar.

Capítulo 3: Piezas de Rompecabezas Tóxicas: Características Complementarias de Empatía y Narcisismo

Cuando dos personas se unen, se conectan y completan un rompecabezas. Aunque la relación entre un empático y un narcisista se vuelve tóxica, se complementan y crean un rompecabezas.

Debido a que he discutido las características de un narcisista, quiero tomarme un tiempo para discutir las características comunes de un empático. Aunque la mayoría de ustedes ya entienden lo básico, es importante que tengan una buena comprensión de ambos para que puedan entender mejor cómo se arman las piezas del rompecabezas tóxico.

Características de Un Empático

Tú Sabes

ES DIFÍCIL EXPLICAR por qué lo sabes. Es sólo una corazonada o un pensamiento que te viene a la mente. Lo que sabes depende de cuán sintonizado estés con tus habilidades empáticas. Por ejemplo, podrías saber que cualquier situación que haya surgido en tu vida, va a estar bien. Tienes la sensación de que habrá un par de baches más a lo largo del camino, pero al final todo saldrá bien. Puede que te despiertes una mañana y pienses que algo grande va a pasar. No sabes exactamente qué, pero te das cuenta de lo que sabías cuando recibes una llamada de tu amigo que acaba de comprometerse. También sabes cuando algo no está bien. Por ejemplo, cuando conoces a alguien y empiezas a hablar. Aunque parecen agradables, tienes la sensación de que algo no está bien en ellos. Es posible que te hayas sentido así cuando conociste a tu pareja actual o anterior.

Como la mayoría de las personas, los empáticos luchan por entender por qué conocen ciertos factores, lo que les hace permanecer callados sobre todo. No dices nada porque tienes miedo de estar equivocado y herir los sentimientos de alguien. No dices nada porque no confías plenamente en tus instintos. No dices nada porque quieres que tus sentimientos o pensamientos estén equivocados. No importa cuánto intentes permanecer callado o dejar a un lado estos pensamientos y sentimientos, el resultado final es que... lo sabes...

Te Sientes Fácilmente Abrumado

AUNQUE YA HE MENCIONADO que las emociones pueden hacerte sentir abrumado, hay muchos otros factores. Por ejemplo, los lugares públicos pueden resultar abrumadores. No tienes que conocer o hablar con la gente para absorber sus emociones. Esto puede hacer que ir a supermercados, conciertos, presentaciones escolares e incluso a la oficina de correos sea abrumador. Puedes caminar junto a un grupo en la acera y sentirte abrumado por sus emociones.

Cuando las emociones se vuelven demasiado abrumadoras, empiezas a sentir que te estás sofocando. Las emociones vienen de todas las direcciones, y comienza a parecer que tu cabeza está girando mientras tratas de mantener el control. Cuando llegas a este punto, es difícil separar las emociones que sientes. No sólo luchas con tus emociones negativas y positivas sino también con cuáles emociones son tuyas y cuáles estás absorbiendo.

No Puedes Tolerar Ningún Tipo de Violencia

COMO EMPÁTICO, TE ENCUENTRAS luchando por ver la violencia en la televisión. Esto no sólo incluye las películas, sino también los programas de televisión y las noticias. De hecho, es posible que dejes de ver las noticias porque no puedes tolerar que hablen de asesinatos, de cuánta gente está luchando y de otros tipos de noticias negativas. Esto no sólo incluye lo que ves en la televisión, sino también lo que lees. No lees novelas que puedan tener violencia, titulares de noticias o cualquier otra cosa.

Cuanto más fuertes sean tus habilidades empáticas, peor te hará sentir. Muchos empáticos dejan de escuchar o leer los acontecimientos actuales porque no pueden tolerar la forma en que el mundo está yendo. Sin embargo, siempre es una buena idea prestar atención a los titulares positivos de las noticias. Por ejemplo, lea los titulares sobre alguien que está construyendo un nuevo refugio para personas sin hogar en su área y que está contribuyendo a la comunidad de otras maneras. Centrarse en lo positivo puede ayudarte a controlar tus emociones negativas y facilitarte la limpieza cuando tomas tu "tiempo para mí".

Eres Un Consejero Continuo

NO IMPORTA DÓNDE ESTÉS o con quién estés cuando ves a alguien que necesita ayuda, tú vas a ayudarlo. De hecho, eres como un imán para la gente que necesita alguien con quien hablar. Hay algo en el aura de los empáticos que hace que la gente sienta que puede hablar contigo. Además, las personas se sienten cómodas a tu alrededor, lo que les hace sentir que pueden abrirse y no ser juzgadas. Mientras que podrías preguntarte por qué esto sucede de vez en cuando, esto es parte de tu gran don, y debes estar orgulloso de ello. No hay mucha gente en este mundo que sea empática, lo que hace que nuestros poderes emocionales sean aún más únicos y especiales.

Sí, entiendo, puede ser abrumador que la gente acuda a ti sobre sus problemas. De hecho, a menudo puede llegar a ser incómodo. Mientras estés siempre a salvo y puedas cuidar de ti mismo, permítete difundir tu don en el mundo.

Te Olvidas del Autocuidado

EL AUTOCUIDADO ES IMPORTANTE para todos, pero es más importante para un empático. Necesitas tomarte un tiempo todos los días, a veces más de una vez, para limpiar tus emociones y conectarte con el universo. Hacer esto te dará tranquilidad y ayudará a lograr el equilibrio emocional. Hay muchas maneras de limpiar tus emociones. Por ejemplo, puedes caminar descalzo por la hierba, meditar, encontrar tiempo para estar solo y hacer algo que te guste, o tumbarte al sol, cerrar los ojos y disfrutar de la paz. Hagas lo que hagas, tienes que concentrarte en ti.

Si sigues ayudando a la gente y absorbiendo emociones sin tomarte tiempo para ti mismo, te vas a encontrar exhausto. Te faltará energía, lucharás para completar las tareas diarias, te pondrás de mal humor y te encontrarás demasiado frustrado con otras personas.

Características Complementarías

AHORA QUE TIENES LAS características de un narcisista y empático, podemos empezar a armar el rompecabezas de por qué los narcisistas y los empáticos se complementan entre sí. Cuando la pareja se complementa, cada uno aporta algo a la relación. Por ejemplo, una persona puede cocinar mientras la otra limpia. Desafortunadamente, cuando un empático se une a un narcisista, no hay un equilibrio entre el dar y recibir. En cambio, los narcisistas toman lo que los empáticos les dan.

Los Empáticos Son Los Importantes

CUANDO UN NARCISISTA está buscando una pareja, hay muchas características que va a buscar. Primero, necesitan a alguien que crean que es especial. Segundo, necesitan a alguien que les haga creer que son importantes. Al mismo tiempo, también están buscando a alguien que los vea como importantes. Los empáticos son la persona perfecta para llenar estas necesidades de un narcisista.

Los Empáticos son Pacientes y un Narcisista Necesita Paciencia

HAY MUCHAS PARTES DE la vida que necesitamos tener paciencia. No importa si eres un empático o un narcisista, te encontrarás con áreas en tu vida donde se necesita paciencia. Cuando los narcisistas la pierden, su ira toma el control. Esto no es bueno para ellos porque un narcisista se nutre de lo que otros sienten y creen sobre ellos. Si permiten que su ira se apodere de ellos, la gente los verá como una persona enojada. Las personas entonces serán menos propensas a verlos en una luz que les levante el ánimo. En lugar de verlos como una persona importante, los verán como fríos y sin corazón. Por lo tanto, para ganar paciencia, un narcisista se convierte en un empático.

Los Empáticos Emiten Energía Positiva, La Cual Un Narcisista Toma

LOS NARCISISTAS SE alimentan de la energía positiva de un empático. No importa por lo que esté pasando una persona o el tipo de trastorno psicológico que tenga, las personas necesitan energía positiva. Es una necesidad humana que todo el mundo necesita sentir. El problema para un narcisista es que a menudo no sienten energía positiva; sólo sienten energía negativa. Esta es una de las razones más grandes por las que un narcisista se apega a un empático. Son capaces de absorber la energía positiva que un empático tiene y trata de mantener en su entorno.

El mayor problema con esto es que no puede haber tanta energía en una persona o en una habitación. Por lo tanto, cuando tu energía positiva es tomada de un narcisista y reemplazada con su energía negativa, no tienes suficiente espacio para más energía positiva. Para devolver la energía positiva a tu vida, necesitas limpiarte a ti mismo y a tu entorno. Dondequiera que haya estado el narcisista, necesitas tomarte el tiempo para limpiar la energía negativa y permitir que la energía positiva regrese.

Si no te tomas tu tiempo para limpiar, vas a llenar tu entorno con una gran cantidad de energía negativa. Esto es dañino para cualquiera, pero puede ser especialmente dañino para un empático porque sientes emociones a un nivel superior. Las energías negativas causan que la gente se frustre, enoje y deprima. Puedes encontrarte arrastrándote emocionalmente por más de una razón. Cuanto más tiempo dejes que esto continúe, peor será.

Los Empáticos Son Altamente Sensibles, Y Un Narcisista Necesita Sensibilidad

ESTE TIPO DE PROCEDIMIENTO sigue el mismo camino que la paciencia, excepto que es un poco más importante. A los narcisistas no les importan los demás. Al mismo tiempo, los narcisistas dependen de que la gente crea que es una buena persona. Tómate un momento para preguntarte: ¿creerías que alguien es una buena persona si no mostrara ningún tipo de sensibilidad? Los viste como fríos de corazón y egocéntricos. Está bien, eres un empático, así que, sí, seguirás creyendo que hay algo bueno en la persona. Pero, las personas que no tienen habilidades empáticas no creerán que hay ningún tipo de bien en esa persona.

Un narcisista no puede hacer que la gente crea que es una gran persona si no muestra sensibilidad. Un narcisista no sólo será capaz de alimentarse de la sensibilidad, como lo hace con las emociones de un empático, sino que también podrá aprender a actuar de manera sensible. Un narcisista siempre está prestando atención a su entorno porque tiene que defenderse. Están muy alertas, lo que significa que prestan atención cuando su pareja está bañando a las personas con sensibilidad. Se darán cuenta de su tono de voz, cómo actúa y cómo trata a las personas. Luego usarán lo que aprendan para manipular a la gente y hacerles creer que son personas sensibles. Esto hará que la gente vea a un narcisista como especial, que es exactamente lo que un narcisista quiere.

Los Empáticos Temen Al Abandono Mientras Que Un Narcisista Teme Al Compromiso

ALGUNOS DE LOS MAYORES temores del empático son la pérdida, el rechazo y el abandono. Por el otro lado, un narcisista teme al compromiso y la vulnerabilidad. Los miedos son algunas de nuestras emociones más fuertes, y buscamos a otras personas para que nos ayuden con nuestros miedos.

El miedo de un empático al abandono se consuela a través de un narcisista porque necesita un empático. Toman lo que un empático tiene para dar. Por lo tanto, incluso si la relación no es saludable, un narcisista nunca va a dejar a un empático. Esto no significa que permanecerán fieles. Simplemente significa que continuarán usándote mientras permanezcas con ellos.

Uno de los rasgos más fuertes que un empático le dará a alguien es el compromiso, que es lo que el narcisista teme. Sin embargo, el narcisista también es capaz de controlar la relación, lo que limita sus temores. Además, un narcisista no ve su relación con un empático como una forma de compromiso. Están usando al empático para su beneficio personal. Esto es completamente diferente a ser una relación en la que te sientes comprometido con la persona. Básicamente, un narcisista obtiene lo que necesita sin tener que dar el paso hacia el verdadero compromiso, al menos en su mente.

Los Empáticos Tienen Corazones Indulgentes, Y Un Narcisista Está A La Defensiva

LOS EMPÁTICOS PERDONAN rápidamente. De hecho, es probable que notes que no permaneces enojado con alguien por mucho tiempo. Entiendes que la gente comete errores y crees que está haciendo lo mejor que puede. Esto te ayuda a encontrar espacio para perdonar a la gente fácilmente. Además, el don de un empático no les permite permanecer enojados por mucho tiempo, siempre y cuando estén limpiando. Guardar rencores mantiene las emociones negativas dentro de nosotros. Cuando nos tomamos tiempo para limpiar y tenemos tiempo a solas, estamos dejando que la negatividad y el daño que la gente nos ha hecho. Esto te permite tener un corazón indulgente.

Un corazón indulgente trabaja bien con un narcisista quien va a negar y defender sus acciones y comportamientos. No importa lo que hagan o cuánto te lastimen mental, emocional o físicamente, se defenderán. Esto significa que puedes elegir permanecer enojado con ellos o perdonarlos. La mayoría de las veces, la elección de un empático es perdonar. Esto ayuda a un narcisista ya que les permite continuar con su comportamiento sin que tengas que mantener su pasado en su contra.

Los Empáticos Animan El Espíritu De Las Personas Y Un Narcisista Necesita Sentirse Importante

UN NARCISISTA CREE que es una persona muy importante. Pero esto no significa que no necesiten que otras personas sientan lo mismo. De hecho, una de las razones más grandes por las que un narcisista piensa tan bien de sí mismo es porque encuentra gente que le hace sentir importante, como un empático.

Los empáticos quieren que la gente se sienta especial porque esto hace que la gente se sienta feliz. Hace que la gente sienta que son importantes. Se esforzarán por hacer que cualquiera se sienta de esta manera; sin embargo, se centrarán más en las personas a las que están apegados, como su pareja. Un narcisista a menudo usa la manipulación para conseguir un empático que le haga sentir importante. Por ejemplo, podrían decir que actuaron de cierta manera porque no están contentos consigo mismos. Podrían decir que dijeron algo porque no sienten que los veas como especiales. Como empáticos, escuchar a la persona que amamos y cuidamos decir esto nos rompe el corazón. Por lo tanto, haremos todo lo posible para que nuestra pareja se sienta mejor.

Capítulo 4: ¡Empatía Al Rescate! ¿Por Qué Las Mujeres A Menudo Quieren "Arreglar" A Los Hombres Que Muestran Un Comportamiento Herido?

Quiero tomarme el tiempo para mencionar que los empáticos pueden ser hombres o mujeres, así como los narcisistas pueden ser de cualquier género. Sin embargo, para el propósito de este libro, me estoy centrando en cómo las mujeres empáticas quieren "arreglar" a los hombres narcisistas.

Además, si quieres explorar más tu propia empatía personal, por favor, consulta mi libro complementario titulado "Empath Awakening", sobre empatía y cómo dejar de absorber los sentimientos negativos de los demás.

¿Cuántas veces has mirado a alguien y pensar: "Puedo hacer que se sienta mejor" o ¿has empezado a sentirte mal por la persona? Podrías tener la sensación de que están tristes, visto salir lastimados o de que han escuchado una historia que han contado sobre su infancia abusiva. Debido a que sientes una fuerte conexión con las emociones de otra persona, eres rápida para tener compasión, comprensión y simpatía. Quieres hacer lo que puedas para hacer del mundo un lugar mejor para todos porque quieres que la gente se sienta feliz.

Estás comprando comestibles cuando chocas con un hombre en el pasillo de al lado. Te disculpas diciéndole que no eres la mejor conductora. Cuando lo ves sonreír y responder, tienes una sensación en la boca del estómago. Has tenido esta sensación antes y sabes que no es agradable. Miras al hombre mientras asiente "está bien" y sigue. Continúas caminando hacia el pasillo para agarrar tu sopa favorita, pero no puedes dejar de pensar en el sentimiento que el hombre te dio. A medida que piensas más en él, empiezas a recordar sus ojos. Te parecen tan tristes. Empiezas a recordar cómo forzó una sonrisa y asintió. Te has encontrado con mucha gente en el supermercado antes y ninguno de ellos ha reaccionado de esa manera.

A medida que te diriges a las filas de salida, te fijas en ese hombre. Decides unirte a él en la fila de la caja. Cuanto más te acercas a él, más fuerte se vuelve el sentimiento en tu estómago y empiezas a sentir su tristeza. Al mismo tiempo, estás abrumada por muchas otras emociones negativas. Por supuesto, estando en un supermercado, contribuyes al número de personas a tu alrededor. No todo puede ser de esta persona. Después de todo, nadie puede tener tanta energía negativa a su alrededor.

"Sólo quiero disculparme de nuevo", dices honestamente mientras intentas iniciar una conversación. "No quise chocar con tu carrito allá". Al principio, te das cuenta de que el hombre parece irritado e inmediatamente empiezas a cuestionar tus acciones. No querías que se sintiera peor ni que causara más problemas. De repente, se gira hacia ti, sonríe y te dice: "No hay problema. No todo el mundo puede ser un gran conductor como yo". Te ríes cuando empiezas a preguntarte si eso era una broma o si realmente se estaba haciendo un cumplido.

Unos días después, te encuentras con tu amigo en la cafetería. Mientras estás sentada hablando, te das cuenta de que un rostro conocido entra por la puerta. Piensas en dónde has visto a este hombre antes. A medida que tu recuerdo del encuentro en el supermercado regresa a ti, lo saludas con la mano.

Él saluda con la mano, toma un café y pregunta si puede tomar asiento. Tú y tu amigo están de acuerdo y todos empiezan a hablar. No tardas mucho en darte cuenta de que mientras él habla de sí mismo a menudo, algo parece estar mal. La sensación en tu estómago y la espalda, por lo que haces todo lo posible para ver sus expresiones faciales y gestos más que sus palabras. Antes de que te levantes y te vayas, te pregunta si puede tener tu número. Has notado una atracción hacia él, así que mientras dudas, le das tu número. Si bien no crees que te enviará un mensaje o una llamada, todavía tienes la esperanza de que lo haga.

Un par de semanas después, finalmente te llama y te pide una cita. Aceptas y te encuentras con él en su restaurante favorito. A medida que se encuentran, él continúa diciéndote que no puede esperar a que prueben su comida favorita. Durante la conversación, empiezas a notar que tiene heridas emocionales. Aunque no puedes entender directamente de dónde vienen, puedes sentirlo y oírlo en su voz. Empiezas a sentir que pueden provenir de su infancia, ya que no quiere hablar de su familia ni de su infancia.

Al final de la noche, te pide otra cita. Te obligas rápidamente porque ahora estás en una nueva misión. Necesitas saber de dónde viene su dolor emocional. Como empático, te esfuerzas por hacer todo lo posible para asegurar que todos lleven una vida feliz. Cuanto más llegas a conocerlo, más te concentras en las formas de sanar sus heridas. Intentas hablar con él cuando te das cuenta de que le gusta hablar de sí mismo. Sin embargo, nunca puedes entender realmente de dónde vienen sus heridas. Por lo tanto, lo escuchas atentamente y cada vez que notas que está actuando negativamente, haces todo lo que puedes para levantarle el ánimo. Aunque no sabes cómo lo vas a lograr en este momento, sabes que hay una manera de que puedas arreglar sus heridas emocionales.

Esta historia puede sonarte familiar. Es un tema común entre un narcisista y un empático. Las heridas que un narcisista tiene son típicamente la razón principal por la que los narcisistas y los empáticos se convierten en una pareja. Los empáticos quieren sanar las heridas de un narcisista. Como se ha dicho antes, esta es la mayor fuerza motriz que une a estas dos personalidades.

Pero, ¿por qué? ¿Por qué las mujeres empáticas sienten la necesidad de "arreglar" a los hombres narcisistas? ¿Por qué los empáticos, no importa cuántas veces se encuentren atrapados en una relación tóxica, siguen viniendo al rescate?

Sientes Que Es Tu Misión

EL RESULTADO FINAL de la razón es porque sientes que es tu misión. No importa si estás fuertemente conectado a tus habilidades empáticas o no. Sientes que tienes un llamado para ayudar a la gente. Por lo tanto, te encuentras tomando bajo tu protección a los heridos.

Es un apego que realmente no puedes explicar. A veces lo intentarás. Investigarás a fondo para encontrar las razones del por qué. Podrías decirte a ti misma o a alguien más que intentaste ayudar al narcisista porque te sentías mal por ellos. Recuerdas haberlos visto sentados solos en una mesa hablando con la gente de la mesa de al lado. Podías escuchar su conversación y darte cuenta de que estaban tratando de ignorarlo. Esto rompió tu corazón ya que crees que todos merecen ser escuchados y respetados. Por lo tanto, decidiste hacer que se sintiera mejor preguntándole si podías sentarte a su lado. Estuvo de acuerdo y pronto estuviste conversando y aprendiendo más de él de lo que te imaginaste. Esto sólo fortaleció tu misión a medida que tus emociones se hicieron más fuertes. Podías sentir su dolor interior y querías sanar esas heridas.

Si entiendes que eres una persona altamente sensible y estás conectada a tu don empático, sabrás que tu misión es ayudar. Sientes que mientras te cuides a ti mismo, serás capaz de mantener la positividad en tu vida mientras borras la negatividad de la suya. Sin embargo, no siempre funciona así. Los narcisistas son tan poderosos como los empáticos con sus habilidades. Pueden hacer que te sientas abrumada e incapaz de cuidar de sí misma.

No Puedes Soportar Ver A Nadie Herido

ES DIFÍCIL VER A LA gente lastimada. No importa si están sufriendo física, emocional o psicológicamente, quieres hacer todo lo que puedas para aliviar su dolor. Para los empáticos, ver a una persona que sufre es similar a ver y escuchar acerca de la violencia. No podemos tolerarlo bien y queremos hacer lo que podamos para acabar con el dolor y el sufrimiento.

Estás Llena de Amor

LOS EMPÁTICOS ESTÁN llenos de amor, y creen que deberían difundirlo. Crees que el amor puede conquistar cualquier cosa, incluso heridas emocionales profundas. Aunque entiendas que llevará tiempo, eres paciente. Incluso entiendes que la persona puede frustrarse o enojarse, pero estás perdonando. Debido a tu amor, sientes que puedes manejar cualquier cosa que se te presente mientras intentas sanar a alguien.

El amor es una emoción positiva, pero también muy poderosa. Cuando estamos llenos de amor, podemos olvidarnos de la realidad de la situación. El amor es cegador y esto puede hacer que caigamos en una relación tóxica.

Crees En Ellos

NO IMPORTA LO QUE UNA persona haga o diga, tiene potencial. Crees que todo el mundo tiene algo bueno en ellos y puede trabajar para convertirse en una mejor persona. Además, también crees que puedes ayudarles a convertirse en esa mejor persona.

La creencia en una persona se hace más fuerte cuando es tu pareja. Al creer en ellos, sientes que pueden superar cualquier obstáculo que se interponga en su camino. A través de su apoyo, sientes que ellos pueden lograr cualquier tarea que se propongan. También sientes que es este apoyo el que va a ayudar a sanar sus heridas.

Estás Educando

LOS EMPÁTICOS TIENEN un instinto de crianza fuerte y natural. Creen que, con un cuidado tierno y amoroso, las heridas pueden sanar. Después de todo, eres capaz de sanar tus propias heridas siempre y cuando te tomes el tiempo para cuidar de ti mismo, ¿verdad? ¿Por qué no puedes ayudar a otras personas a sanar de la misma manera?

La verdad es que para algunas personas es demasiado tarde para darles el instinto de crianza. Por ejemplo, conoces a un hombre narcisista que rara vez habla de su madre. A medida que aprendes un poco más sobre su infancia, te das cuenta de que su madre abusó de él y lo descuidó. Uno de tus amigos fue a la escuela con él y te contó que su madre nunca fue a sus partidos de baloncesto porque estaba demasiado ocupada con su novio o cuidándose. También te enteras de que su madre lo intimidaría. También le exigía que hiciera lo que quisiera, aunque fuera ilegal. Ella creía que el mundo giraba a su alrededor y que cada uno debía hacer lo que pudiera por ella.

Después de escuchar este trasfondo, tu instinto de crianza se acelera. Te das cuenta de que se perdió una parte importante de su infancia porque su madre no podía poner sus propias necesidades y deseos a un lado por su hijo. Por lo tanto, empiezas a pensar que puedes sanar sus heridas criándolo. Después de todo, si nos falta algo tan poderoso como el amor y la aceptación de nuestra madre, vamos a anhelarlo y tratar de encontrar estos factores en otras personas. Como empático, decides que es la mejor persona para esto porque tu corazón está lleno de amor y aceptación.

Crees Que Eres El Sabor De Su Vida

PARA UN EMPÁTICO, UN narcisista es un misterio. Es alguien que está sufriendo de una manera que no se puede detectar directamente. Sabes que necesitas averiguar la razón de su dolor para ayudarlos, y vas a hacer esto porque puedes salvarlos. Después de todo, ¿qué sentido tiene tener tus habilidades empáticas si no puedes arreglar a una persona?

La verdad es que tus habilidades empáticas no tienen nada que ver con arreglar a una persona. Lo que tu don hace es permitirte ayudarles a superar sus desafíos con compasión, amor, cuidado y comprensión. No se puede ayudar a una persona a menos que quiera ayuda, y cuando se trata de un narcisista, conseguir que acepte ayuda es un gran proceso.

No importa cuánto intentes ayudar a un narcisista, nunca vas a cumplir esta tarea. Esto no es porque no tengas las habilidades empáticas que creías tener. No tiene nada que ver contigo. Tiene todo que ver con ellos. Piénsalo de esta manera: un alcohólico no será capaz de superar su enfermedad sin querer cambiar. Es lo mismo para un narcisista. Tienen que querer cambiar para aceptar ayuda. Necesitan cambiar por su cuenta. Por supuesto, si deciden ir a terapia y encontrar maneras de controlar su comportamiento narcisista, puedes ser solidaria. Pero tienen que dar los pasos por su cuenta.

A estas alturas, puede que te preguntes dónde te deja toda esta información. ¿Deberías ayudar a alguien que está herido? La respuesta corta a esto es, vas a querer ayudarlos. Debido a tu don, no hay nada que puedas hacer para detener la necesidad de ayudar a la gente. Al mismo tiempo, el último paso que quieres dar es ignorar tu voluntad de ayudar a la gente. Este es un rasgo admirable, y nunca deberías avergonzarte de ello. De hecho, debes andar por ahí sabiendo que eres un empático con orgullo al igual que un artista tiene orgullo en su don. Así que, no, nunca deberías ignorar ninguna de tus habilidades empáticas. Lo que tienes que hacer es darte cuenta de que no puedes ser la súper mujer de todos. No puedes arreglar a nadie. Sólo puedes apoyarlos mientras intentan cambiarse a sí mismos.

Capítulo 5: Etapas de Una Relación Tóxica - ¿Se Relaciona Contigo?

Es importante recordar siempre que cada relación es única. Aunque hay etapas generales de una relación tóxica, es posible que no todas encajen en tu relación. Si sólo te relacionas con unos pocos de estos o con la mitad de ellos, esto no significa que no estés en una relación tóxica. El factor que siempre quieres tener en mente es que, si sientes que estás en una relación tóxica, necesitas cuidarte. Tu instinto siempre te dirá más sobre tu relación de lo que crees. Si bien puedes ser cautelosa a la hora de confiar en tu instinto, es importante que hagas lo que puedas para intentarlo.

Etapa Uno: La Atracción

LA PRIMERA ETAPA DE una relación tóxica es la primera de cualquier relación: la atracción. Eres el que tiene más probabilidades de sentirse atraído porque eres el empático. Un narcisista no se sentirá atraído por ti al principio, a menos que sea capaz de sentir o ver tus habilidades empáticas. Por ejemplo, pueden verte tratando de ayudar a alguien a través de un problema de compasión y simpatía, lo cual es lo que los atrae hacia ti. Debido a tu profundo amor, te enamoras del narcisista cada vez que están cerca de ti. Esto hace que su vínculo sea más fuerte; sin embargo, el narcisista nunca desarrollará un vínculo fuerte contigo. Te usarán hasta que dejes la relación o hasta que te digan que te vayas.

Amirah y David: El Comienzo

AMIRAH ERA UNA EMPÁTICA que aprendía a florecer en sus habilidades. A los 22 años, acababa de salir de la universidad y estaba buscando el trabajo de sus sueños. Se enteró de su don empático como estudiante universitaria cuando conoció a una amiga llamada Lisa. A través de Lisa, Amirah fue capaz de aprender cómo ayudar a la gente, cómo encontrar su paz interior a través de la recarga, y cómo hacer lo mejor de su don.

Hace sólo un par de semanas que Amirah dejó a su novio de cuatro años. Pasaron de hablar de casarse a separarse cuando él consiguió un trabajo en el extranjero. Ella no podía hacer ese movimiento. Aunque la ruptura fue dura, siguieron siendo amigos.

Hoy, Amirah admitirá que estaba sola cuando conoció a David en la fiesta de un amigo en común. Estaba de pie en medio de la sala de estar hablando del gran hombre de negocios que será. David tenía 24 años y había estado trabajando con su jefe, Steve, en una tienda de repuestos de automóviles. Iba de camino a empezar su propio negocio.

Al principio, Amirah no pensaba mucho en David. Sin embargo, una vez que comenzó a notar que la gente se alejaría de él mientras hablaba, comenzó a sentirse mal por él. Entonces decidió escuchar, ya que no quería que se sintiera mal consigo mismo. Después de un par de horas hablando, Amirah comenzó a sentir que podía ayudar a David a alcanzar sus sueños. Notó una tristeza interna dentro de David que hizo que su corazón se rompiera. Era como si se estuviera poniendo esta máscara que no mostraría sus verdaderos sentimientos. Decidió que una de las mejores maneras de ayudar a David a alcanzar sus sueños era siendo su animadora y sanando sus heridas.

Etapa Dos: La Primera Bandera Roja

NO LE TOMA MUCHO TIEMPO a un narcisista mostrar las primeras banderas rojas. El truco es que el empático necesita entender los signos y prestar atención. También necesitan ser capaces de superar la negación, escuchar sus instintos y creer en lo que están notando. Esto es a menudo difícil para un empático, al menos en los primeros meses porque el narcisista es el centro de su atención. Creen que han conocido a su alma gemela y están completamente enamorados. Desafortunadamente, el narcisista no está enamorado del empático. Es difícil para los narcisistas amar a alguien porque realmente no se aman a sí mismos. No podemos amar a otras personas de una manera saludable sin amarnos a nosotros mismos primero.

El narcisista comenzará a mostrar partes de su personalidad que harán que el empático les dé toda la atención y simpatía que desean. Pueden convertirse en un quejoso y decirle que nada va bien en su vida. No entienden por qué la gente los trata horriblemente ya que no han hecho nada para merecerlo. Como sanador, harás todo lo que puedas para tratar de hacerlos sentir mejor. Desafortunadamente, nunca podrás ayudarlos a sanar porque ellos no quieren la ayuda, quieren atención.

Etapa Tres: La Relación se Enfoca en el Narcisista

EN ESTE PUNTO, LA INTENCIÓN del empático sigue estando llena de amor y compasión. Quieren lo mejor para el narcisista y siguen tratando de ayudar a sanar sus heridas. Sin embargo, es posible que también comiencen a notar algunos de los signos, especialmente si son conscientes de ellos. Por ejemplo, empiezan a darse cuenta de que el narcisista no se interesa demasiado por su vida. Mientras tratan de hablar con el narcisista sobre sus problemas, el empático es ignorado, empujado a un lado, o la conversación se centra en el narcisista. Es entonces cuando el empático comienza a sentirse agotado ya que sus necesidades emocionales y psicológicas no están siendo satisfechas.

Esta es también la etapa en la que el empático puede plantear los problemas al narcisista, quien terminará discutiendo. Esto puede hacer que el empático tenga miedo de hablar con el narcisista sobre ciertos temas dentro de su relación. Es también en esta etapa cuando el narcisista empezará a degradar la empatía, cuya autoestima comienza a desvanecerse.

Amirah y David: Una Historia de Cambio

A LOS DOS MESES DE su relación, Amirah comenzó a aburrirse un poco con la frecuencia con que David hablaba de sí mismo. También se dio cuenta de que a menudo hablaba muy bien de sí mismo. No siempre tenía sentido o siempre decía la verdad. Mientras estas notas mentales se hacían en la mente de Amirah, continuó apoyando a David mientras él hablaba de comenzar su propio negocio. A veces, se entusiasmaba con la aventura. Pensaría en lo exitoso que sería el negocio y cómo podría ayudarlo en la oficina. Incluso se imaginó cómo podrían ir a trabajar juntos y criar una familia mientras creaban sus propios horarios de trabajo.

"No sé sobre él" Lisa empezó a decirle a su amiga. "Algo parece extraño. Es como si no le importaran ni tú ni tus sueños. Nunca antes quisiste trabajar en una tienda de automóviles".

"Las cosas son diferentes ahora", dijo Amirah en voz baja. "David y yo somos una pareja, y estoy empezando a enamorarme de él. Verlo triunfar es más importante que el trabajo de mis sueños. Siempre puedo conseguir el trabajo de mis sueños más tarde en mi vida. David está listo para hacer el movimiento ahora. Como su pareja, es mi trabajo ayudarlo".

"Sólo ten cuidado", le dijo Lisa a su amiga. "Creo que está escondiendo algo y no quiero verte herida".

Después de su conversación con Lisa, Amirah fue a ver a David y le dijo: "Lisa es una gran amiga. Realmente espero que decidas salir con nosotras otra vez".

"No lo haré", espetó David a Amirah. "Lo que quiero decir es que traté de llevarme bien con Lisa antes, ¿recuerdas? Nos conocimos y no salió bien. Nunca me dio una oportunidad. Pensarías que si realmente me amaras te preocuparías más de cómo me siento que de lo que dice Lisa".

Amirah miró a David un poco confundida. No le dio esa impresión de Lisa. Sintió que su amiga trataba de conocer a David, pero él siguió interrumpiéndola hablando de sí mismo.

"Bueno, ¿ya no me amas?" David le preguntó a su novia después de unos minutos de silencio.

"Por supuesto, yo... sólo..." Amirah declaró, pero David salió rápidamente de la habitación, diciéndole que tenía que ocuparse de algunos asuntos.

Etapa Cuatro: El Narcisista Tiene el Control

POR AHORA, EL NARCISISTA tiene casi todo el control del empático y sus emociones. Aunque el empático se sienta agotado e infeliz en la relación, continuará ayudando al narcisista. Parte de esto se debe al control. El narcisista ha sido capaz de poner la empatía contra la pared, lo que les da el poder. Otra parte de esto es porque el empático todavía tiene un sentido de responsabilidad en la relación. Quieren hacer lo que quieren para poder continuar sanando las heridas del narcisista, ya que todavía creen que la sanación es posible. Además, un empático sentirá que, si pueden sanar al narcisista, podrán sanar la relación.

Sin embargo, también es posible que el empático siga negando las señales o que no entienda que su pareja es un narcisista. También pueden estar siguiendo el camino ciego del amor y no ser capaces de ver lo que el narcisista les está haciendo, aunque no se sientan bien. Esto también puede suceder cuando un empático no es consciente de su don. Pueden pensar que están tomando demasiado o que no están durmiendo lo suficiente.

Amirah y David: Control y Manipulación

"¿CÓMO PUEDES SEGUIR hablando con ella?" David le gritó a Amira, haciéndola saltar en la silla. "Creí que me amabas y le dije que, si lo hacías, no dejarías que Lisa se interpusiera entre nosotros".

"No lo hago", dijo Amirah en voz baja y luego esperó a ver la expresión de David. Rápidamente se preguntó qué iba a hacer. Habían estado juntos seis meses y en los últimos dos meses, David había empezado a mostrar un lado que Amirah no había notado antes. Era un lado que a menudo la asustaba para que hiciera lo que él le pedía.

"Pero lo haces", contestó David con voz más tranquila. "Estás dejando que se interponga entre nosotros. Si no lo hicieras, no estarías hablando con ella nunca más. ¿No ves lo que me está haciendo? Intenta que me dejes porque tiene una idea loca en la cabeza. Me dijiste que me amabas. Sabes que mi madre solía decir lo mismo y luego nunca me lo demostraba. Sabes cuánto me duele eso. ¿Por qué te comportas como mi madre? He sido tan bueno contigo".

"Yo... lo siento" dijo Amirah mientras se ponía de pie. "No me di cuenta de que estaba haciendo eso. Te amo. Sabes que lo hago. Yo sólo..."

"No hay nada más", dijo David mientras retrocedía. "Si me amas, no hay nada más después de eso. O dejas de hablar con Lisa o te dejaré. Es ella o yo".

Etapa Cinco: El Empático Encuentra su Punto Álgido

LOS EMPÁTICOS TIENEN un punto álgido, como todos los demás. Eventualmente, tendrán demasiado del comportamiento controlador del narcisista y comenzarán a encontrar su voz. Desafortunadamente, este es también el momento en que un empático puede ponerse en peligro físico. Los narcisistas pueden volverse extremadamente defensivos y violentos si sienten que no se están saliendo con la suya. Esto puede causar que ataquen físicamente a un empático, lo que puede poner más miedo en la relación. La relación empática y narcisista ya está en un ciclo perjudicial, y la violencia física sólo va a empeorarla.

En este punto, algunos empáticos podrían empezar a entrar en su caparazón protector. Volverán a hacer lo que tienen que hacer para mantener a su pareja contenta. Sienten que mientras sigan las maneras del narcisista, serán capaces de devolver la relación a su estado feliz. Al mismo tiempo, pueden empezar a sentir que son la razón por la que la relación se está rompiendo. Podrían pensar en el principio cuando eran felices y escuchar al narcisista cuando culpan al empático por los problemas dentro de su relación. Esta es una de las razones por las que es importante entender el narcisismo, tus habilidades empáticas y la forma en que se combinan. Te ayudará a darte cuenta de que no tienes la culpa y te ayudará a cuidarte a medida que encuentres tu voz.

Otros empáticos continuarán conteniendo su voz y podrían empezar a buscar una salida. Desafortunadamente, todavía hay mucho ciclismo que va a continuar dentro de la relación. Debido a que el narcisista ha llegado a entender que la empatía está cambiando, entrarán en modo de control de daños. Hay varias maneras en que un narcisista se ocupa del control de daños. Por ejemplo, podrían volver a la forma en que se preocupaban al principio cuando intentaban establecer el control, como, por ejemplo, traerte regalos. También podrían querer ir al cine o salir contigo. Otros narcisistas se enfocarán más en destrozar tu autoestima ya que sienten que esto te mantendrá justo donde te quieren.

Cuanto más tiempo el narcisista tenga control sobre ti, más frustrado, enojado y cansado te sentirás. Cuanto más empieces a cambiar, porque el narcisista sigue drenándote. Esto hará que sea más difícil para ti trabajar en dejar la relación. También puede hacer que te des por vencida, que es cuando te quedarás en la relación porque crees que no hay salida.

Amirah y David: El Punto Álgido de Amirah

UN AÑO DESPUÉS DE QUE Amirah bloqueara a Lisa de su teléfono y de sus cuentas de redes sociales, estaba escondida en su casa. Trabajó desde su casa como artista tratando de ganar suficiente dinero para pagar las cuentas. Esto fue una lucha porque David se negó a ayudar. Pensó que su dinero debía ir a cosas más importantes para él mismo.

Mientras Amirah daba los últimos toques a su pintura, las luces se apagaron. Rápidamente miró alrededor del apartamento y se dio cuenta de que la ciudad había cortado la electricidad.

Unos minutos después, David volvió a casa del trabajo. Intentó encender las luces. "Estás perdiendo el tiempo", dijo Amirah en voz baja. "No tenemos electricidad".

"¿Cómo voy a ver la tele?" David espetó a Amirah. "No haces otra cosa que actuar como un niño pintando todo el día. ¿Por qué no puedes pagar la factura de la luz?"

"¿Por qué no puedes ayudar financieramente?" Amirah replicó. Aunque siempre fue cautelosa con lo que decía, Amirah estaba empezando a encontrar su voz en la relación de nuevo. Se estaba cansando de cómo la trataba David, y estaba pensando en dejar la relación. Sólo tenía que averiguar cómo, cuándo y si sería capaz de hacerlo por sí misma.

"Mi dinero es mi dinero. ¡Trabajo duro por cada centavo que gano, y no debería tener que gastar nada de eso para asegurarme de que tengas luces para actuar como un niño!" David gritó mientras agarraba el lienzo del caballete de Amirah y lo pisoteaba.

"¡Basta!" Amirah gritó: "¡Eso es para un cliente! ¡Ahora tengo que empezar de nuevo!"

David miró a Amirah y comenzó a reírse. "Niña estúpida", le dijo. "¿En serio crees que alguien va a ser tan tonto como para pagarte por algo tan malo? ¿Quién te crees que eres?"

Etapa Seis: Plan de Escape

EVENTUALMENTE, LA MAYORÍA de los empáticos comenzarán a usar este tiempo para pensar en maneras de dejar la relación. Esto será más fácil para algunos que para otros. Todo depende de varios factores, como la fuerza emocional y mental del empático. Si el narcisista ha destrozado su autoestima, lo más probable es que tengan dificultades para abandonar la relación. Sin embargo, si el empático mantiene una cantidad relativamente saludable de autoestima, busca apoyo moral y es capaz de mantenerse fuerte, podrá abandonar la relación más tarde que nunca.

Mientras que algunos se irán rápidamente, otros se concentrarán en irse a un ritmo más lento. Esto no siempre se debe a que necesiten ser más cautelosos y asegurarse de elegir el momento adecuado. También puede ser porque necesitan fortalecer su autoestima, para que puedan ser fuertes cuando decidan irse. Se dan cuenta de que cuanto más fuertes sean, más probable es que se mantengan firmes en su decisión y no se encuentren regresando.

Amirah y David: Amirah Encuentra Su Valor

"NO PUEDO SEGUIR HACIENDO esto. tenías razón", gritó Amirah al teléfono mientras hablaba con Lisa. "Lo siento mucho".

"Oye", Lisa contestó: "No hay nada de lo que tengas que arrepentirte. ¿Hay algún modo de que puedas irte para que podamos vernos? Puedes venir a mi casa".

"Mañana, cuando David esté trabajando", respondió Amirah. "Estaba pensando en hacer la maleta, pero no sé..."

"Empaca una maleta y quédate conmigo", dijo Lisa "Puedes averiguar el resto cuando llegues aquí. Lo más importante es que salgas de esa casa antes de que las cosas empeoren".

"Tengo que irme", susurró Amirah al teléfono. "Creo que David va a venir y si me ve en mi teléfono, lo comprobará. Te llamaré por la mañana".

Etapa Siete: Sanación

NO IMPORTA CUÁN RÁPIDO saliste de la relación tóxica, necesitarás sanar. Tendrás que mantener una cláusula de no contacto donde no tengas ningún tipo de comunicación con el narcisista. Esta es una de las mejores maneras de ayudarte a ti mismo a sanar porque eres capaz de alejarte del ambiente tóxico. Si sigues hablando con ellos, te encontrarás agotado, lo que seguirá destruyéndote.

Sin Contacto

DESAFORTUNADAMENTE, ningún contacto va a ser otro paso difícil en el proceso. No será tan simple como bloquear su número, bloquearlos de las redes de comunicación social y no volver a saber nunca más de ellos. Habrá maneras en las que el narcisista podría tratar de contactarte que tú nunca pensaste. Por ejemplo, si saben dónde trabajas, pueden pasar por aquí, enviarte un regalo o hablar con uno de tus compañeros de trabajo. Si tienen amigos en común, pueden hablar con ellos y usar la manipulación y la culpa para que les ayuden a volver a ponerse en contacto contigo.

Sin embargo, el narcisista que trata de mantener el contacto puede no ser un problema en absoluto. El mayor problema con la cláusula de no-contacto serán tus emociones. De hecho, muchos empáticos que han hablado de la sanación después de sus relaciones tóxicas afirman que se sentían como si estuvieran en una prisión emocional (Milstead, s.f.). La mayoría de estas emociones serán negativas y dolorosas, por lo que tendrás que luchar para enfrentarlas. Puede que incluso te encuentres a ti mismo ignorándolos, pero necesitas hacer todo lo posible para superar tus emociones, ya que esto te ayudará a seguir tu cláusula de no contacto.

La *negación* es una emoción que surgirá de vez en cuando. Todavía podrías negar que estabas en una relación tóxica a veces. Otras veces negarás que el narcisista tenía intenciones tan negativas y te drenó de tus emociones. Irás de un lado a otro con tu negación.

La *ira* levantará su fea cabeza al principio y puede quedarse contigo por mucho tiempo. Esto puede causar otros problemas porque los empáticos luchan más que otras personas cuando se trata de tener emociones negativas. Te enfadarás contigo mismo por haberte metido en la relación y no haberte ido antes. También te enojarás con el narcisista por cómo te trataron. Puedes encontrarte enojado con tus amigos, familiares, compañeros de trabajo y cualquier otra persona con la que hayas mantenido contacto a través de la relación.

La *ansiedad* aumentará a medida que te preocupes por lo que va a suceder. Te preocupará si intenta volver contigo y si no lo hace. A veces, te preocuparás de que él esté merodeando en cada esquina. Es posible que comiences a preocuparte por su modo de pensar, ya que temes que estás perdiendo el control de tu vida. Puedes comenzar a tener ataques de pánico si el narcisista entra en contacto contigo o si escuchas su nombre. También podrías comenzar a tener ataques de pánico cuando recuerdes la relación. Esto puede aumentar si te encuentras sufriendo de Trastorno de Estrés Postraumático (TEPT).

Te sentirás *solo* y *aislado*. Sentirás que nadie será capaz de entender por lo que has pasado. Incluso puedes sentir que nadie podrá ayudarte a superar tu relación tóxica. Es posible que te encuentres aislándote de tus amigos, familia y la sociedad a medida que te hundes en una depresión.

Te *avergonzarás* de haberte permitido amar a una persona que podría ser tan cruel. La vergüenza puede manifestarse cuando piensas en cómo te dejaste tratar, por qué no te fuiste antes y cómo no pudiste ayudarlos.

Pasarás por una etapa de *dolor* a medida que dejas ir a la persona que amabas y por la que te preocupabas profundamente. Esto es similar a la pena que sientes cuando alguien muere. Mientras el narcisista esté vivo, tienes que actuar como si estuvieran muertos, ya que ya no tendrás contacto con ellos. Tu mente y tu corazón pasarán por la misma etapa de dolor que cuando sufres una pérdida.

No importa lo que estés sintiendo durante tu sanación y la fase de no contacto, necesitas recordar que no estás sobre emocionado. Estás sanando de una relación tóxica y cómo te sientes es cómo te sientes. Necesitas reconocer y aceptar estas emociones ya que esta será la única manera en la que realmente puedes empezar a sanar.

Amirah: El Proceso de Sanación

"¿CÓMO PUDE PERMITIR que esto suceda?" preguntó Amirah a Lisa. "No puedo creer que me permitiera tratar así durante casi dos años."

"Oye, esa parte ya terminó", dijo Lisa. "Has estado aquí un par de meses y no has sabido nada de él desde que bloqueaste su número. En lo que necesitas concentrarte ahora es en volver a encarrilar tu vida. Sigues siendo la persona que eras antes de conocer a David. La única diferencia es que ahora eres más fuerte y más sabia. Superarás esta situación y te sanarás de la relación. Encontrarás el trabajo de tus sueños y a alguien que te ame de verdad".

"Lo sé", dijo Amirah mientras miraba a Lisa y sonreía. "Sólo tomará tiempo... mucho y mucho tiempo. Pero tengo esa entrevista de trabajo el martes. Si consigo el trabajo, podré construir mi currículum y trabajar para conseguir ese trabajo de ensueño del que siempre te hablé".

"¿Qué quieres decir con si lo consigues?" preguntó Lisa. "Lo conseguirás. Eres inteligente y una artista increíble. Cree en ti misma. Tienes esto".

Capítulo 6: ¿Es Mi Pareja un Vampiro Energético o Emocional? Toma Este Quiz

Los vampiros energéticos/emocionales hacen lo que pueden para succionar toda tu energía. Es importante saber que no se dan cuenta de que están haciendo esto, ya que a menudo es a un nivel inconsciente. Es simplemente quienes son.

La gente a menudo se refiere a los narcisistas como vampiros energéticos/emocionales debido a la cantidad de energía que toman de la gente, especialmente de un empático. La lucha para muchas personas es entender y saber si su pareja es un vampiro energético/emocional. Si respondes "sí" a la mayoría de estas preguntas, tu pareja es un vampiro energético/emocional.

Cinco Tipos De Vampiros Energéticos/Emocionales

ANTES DE QUE ENTRES en el quiz, quiero hablar de los cuatro tipos principales de vampiros energéticos románticos.

El Quejumbroso

A MENUDO LE DAS A TU pareja una solución a su problema y ellos responden con "Sí, pero..." o "Eso no va a funcionar". El quejumbroso es el vampiro energético que te drenará debido a los problemas que están teniendo. No importa lo que esté sucediendo en su vida, a ti todo puede parecerte perfecto, están teniendo un problema. Además, esperan que tú arregles este problema porque no se merecen el problema que están teniendo. Siempre es culpa de otra persona y si no puedes arreglarlo, también es culpa tuya. Tienen la fuerte actitud de "pobre de mí, siéntanse mal por mí" y buscarán empáticos que sean extremadamente comprensivos y estén dispuestos a consolar esta actitud.

El Zapador Accidental

ES IMPORTANTE NOTAR que no todos los vampiros energéticos/emocionales se dan cuenta de lo que están haciendo. De hecho, algunos estarían devastados al darse cuenta de que son vampiros energéticos. Este tipo de vampiro energético es conocido como el zapador accidental no sólo porque no se dan cuenta de lo que están haciendo, sino también por su naturaleza sensible. A menudo sienten que han tenido el peor día y que necesitan acudir a ti en busca de consuelo. Sin embargo, luchas por darles la compasión, la paciencia y el consuelo que necesitan porque estás cansado.

El Crítico

NADA PARECE LO SUFICIENTEMENTE bueno para el crítico. Encontrarán algo malo en todo lo que hagas, incluso cuando sientas que has completado la tarea perfectamente. Incluso si hiciste algo menor, como olvidarte de poner el periódico en la papelera de reciclaje, ellos vendrán a ti con sus críticas. También serán increíblemente duros cuando critiquen. No les importa si hieren tus sentimientos o no.

El Fastidioso

MIENTRAS QUE PUEDES sentir que ellos tienen su mejor interés en su corazón con sus constantes recordatorios, te reprenden porque no creen que seas capaz de cuidar de ti mismo. Sienten que son más responsables que tú, lo que significa que tienen que recordarte todo hasta que realices la acción. Te reprenderán por cualquier cosa que sientan que es importante, como, por ejemplo, "¿Has llevado ya mi esmoquin a la tintorería?" o "¿Ya conseguiste una membresía en el gimnasio?" Cuanto más holgazanees en la tarea, más frustrados y enojados se volverán. Incluso pueden recurrir a gritar para que hagas lo que te dicen que hagas.

El Auto Obsesivo

A ESTE TIPO DE VAMPIRO energético no le importan en absoluto tus necesidades. Ellos no son sensibles, y sienten que debes enfocarte en ellos más que nadie. Son la persona más importante en tu vida. Mientras que tu pareja es siempre una de las personas más importantes en tu vida, el auto obsesivo llevará esto al extremo. No les importarán tus emociones, tu día, o cómo te sientes. Sólo se preocupan por sí mismos y por lo que están pasando. Se enojarán si no muestras interés en lo que le están diciendo. Incluso podrían tratar de hacerte sentir culpable diciendo: "No me amas porque ni siquiera me estás prestando atención". Cuando intentas decirles cómo te sientes, te ignoran, para regresar la conversación sobre ellos o minimizan tus emociones diciéndote: "No es tan malo, estás siendo demasiado dramática".

Preguntas:

1. ¿Tu Pareja Habla A Menudo De Sí Misma?

MIENTRAS QUE LA MAYORÍA de la gente habla de sí misma, un vampiro energético/emocional hablará de sí misma más que cualquier otra persona. Te interrumpirán cuando les hables de tu día o incluso de tus hijos. Interrumpirán las conversaciones de otras personas para llevar la conversación en su dirección. Si sientes que tus conversaciones con tu pareja siempre se convierten en lo que está pasando en sus vidas, en lo que están pensando y haciendo, estás con un vampiro energético/emocional.

SÍ o NO

2. ¿Tu Pareja Actúa Como Un Mártir?

TU PAREJA NO SE HACE responsable de su comportamiento. No importa lo que haya sido o lo involucrados que estuvieran en la situación. Culparán a alguien más por toda la situación. No se responsabilizan de su trabajo, de nada de lo que suceda en tu relación, o de las relaciones con otras personas. Por ejemplo, entras a tu casa después del trabajo y notas que la luz no enciende. Cuando miras a tu alrededor, te das cuenta de que se ha ido la luz. Llamas a tu pareja y le dices: "¿Usaste el dinero que te di la semana pasada para pagar la factura de la luz? Se fue la luz". Tu pareja dice: "No es culpa mía. Gasto dinero en lo que quiero. Si quieres electricidad, paga la cuenta". Les recuerdas que el dinero que les diste fue específicamente para la cuenta de electricidad y que no tienes suficiente dinero para cubrir la cuenta durante otra semana. Siguen culpándote diciendo: "No es mi culpa que no ganes suficiente dinero".

SÍ o NO

3. ¿Tu Pareja Te Culpa?

PARA CONSEGUIR LO QUE quieren, tu pareja te hará sentir culpable. Pueden hacer esto para sacarte dinero, para que compres algo que ellos quieran o no dejes la relación. Por ejemplo, estás en una discusión con tu pareja y dices: "Sólo quiero sentir que te importa mi día. Necesito a alguien que se preocupe por mí tanto como yo por ellos. Si tu comportamiento no cambia, me voy a ir". Ellos responden: "No puedes dejarme. No sé cómo viviría sin ti. Intento mostrarte cuánto te quiero, pero a veces no siento que me quieras". Declaraciones como ésta hacen que las personas se sientan culpables porque se sienten avergonzadas por su comportamiento. La vergüenza trae sentimientos de culpa.

SÍ o NO

4. ¿Utiliza Tu Pareja Los Ultimátum?

LOS ULTIMÁTUM SE USAN cuando tu pareja quiere que hagas algo. Es una forma de manipulación que se enfocará en tus emociones para poder hacer el trabajo. Por ejemplo, si tu pareja quiere que te quedes en casa con ellos en lugar de salir con tus amigos. Estás emocionada por salir con tu amiga porque han pasado unos meses. Además, han estado planeando este encuentro durante semanas. Tu amiga sólo estará en la ciudad unos días más, y no estás segura de que podrían verse de otra manera. Mientras le explicas esto a tu pareja, te dicen: "He tenido un mal día y realmente te necesito. Si te vas, no te molestes en volver porque acabas de demostrarme que no te importa. Necesito a alguien que se preocupe por mí."

SÍ o NO

5. ¿Utiliza Tu Pareja Tu Naturaleza Bondadosa En Tu Contra?

LOS VAMPIROS ENERGÉTICOS/emocionales pasarán todo el tiempo que puedan contigo porque necesitan constantemente drenar tu energía. Cuando te agotas emocionalmente, es difícil tomarse el tiempo para enfocarse en tratar a otras personas con compasión porque te irritas fácilmente. No te darás cuenta de que te están drenando, pero podrías empezar a pensar: "Si no tuviera que hacer esto todo el tiempo por ellos, no me sentiría tan cansada". Hay docenas de maneras en que te drenarán de tu compasión. Por ejemplo, se quedarán cerca de ti cuando salgas con otros para quitarte la mayor cantidad de energía posible. También te pedirán que hagas ciertas cosas por ellos porque saben que te sientes mal cuando les dices "no".

SÍ o NO

6. ¿Tu Pareja Te Hace Sentir Agotado?

SI BIEN ES POSIBLE que al principio no te des cuenta de esto, es posible que empieces a notar que te sientes mejor cuando no estás cerca de tu pareja. Al principio, esto podría hacerte sentir mal. Pero, una vez que empiezas a pensar en ello, te das cuenta de que tienes más energía. No estás tan cansado y eres más compasivo con otras personas; en cierto modo, es como si volvieras a ser un poco como eras antes.

Los vampiros energéticos/emocionales toman de ti todo lo que pueden. Se enfocan específicamente en tus emociones positivas porque esto es lo que necesitan para sí mismos. Una de las principales maneras en que lo hacen es a través de la manipulación y hablándote en lugar de contigo. Es natural que las personas se sientan más agotadas emocionalmente cuando se les dirige a hacer algo o actuar de cierta manera. Se necesita más de nuestra energía para concentrarnos. También nos sentimos más estresados porque queremos asegurarnos de ayudarles. Cuando la gente habla contigo, se está alimentando de la energía de los demás, lo que crea más bien un equilibrio interno.

SÍ o NO

7. ¿Se Quejan Constantemente De Sus Problemas?

LOS VAMPIROS ENERGÉTICOS/emocionales no son personas positivas. Se alimentarán de tu positividad, pero esto no significa que empezarán a ser positivos. Tómate un momento para pensar cuando empieces a hablar con un amigo o con tu pareja. ¿Compartes las situaciones positivas con las negativas? Por lo general, la gente quiere abrirse sobre las buenas situaciones de su vida. Los vampiros energéticos/emocionales no harán esto. Parece que siempre se están quejando y no sienten que algo bueno esté sucediendo en su vida. Si te encuentras de acuerdo con tu pareja mientras despotrican y se quejan a diario, es más que probable que tu pareja sea un vampiro energético/emocional.

SÍ o NO

8. ¿Tu Pareja Te Hace Sentir Miedo?

LOS VAMPIROS ENERGÉTICOS/emocionales a menudo ponen el miedo en la gente. De hecho, una manera en que pueden controlar bien a su pareja es porque les hacen temer lo que sucederá si no escuchan. Esto no significa que todos los vampiros energéticos/emocionales sean violentos. El miedo puede venir en forma de violencia, amenazas, miradas fijas e intimidación. Por ejemplo, sólo pedirás algo de Amazon durante ciertos días y horas porque necesitas asegurarte de que cuando llegue el paquete, tu pareja no esté en casa. Cada vez que te ven pedir algo a Amazon, empiezan a gritar. Te dicen que no sabes cómo manejar el dinero y que vas a causar problemas. Incluso cuando intentas decirles que el artículo era sólo unos pocos dólares, no quieren oírlo.

SÍ o NO

9. ¿Es Tu Pareja Codependiente?

LA CODEPENDENCIA ES una relación en la que se actúa de cierta manera para obtener un determinado comportamiento de la otra persona. Las personas que son codependientes a menudo utilizan la manipulación y las emociones para obtener las respuestas. Por ejemplo, tu pareja podría traerte flores cuando quiera algo de ti. También pueden ignorarte si hiciste algo que no les gusta. Por ejemplo, si decidiste salir con tus amigos en lugar de quedarte en casa viendo una película con tu pareja, ellos te ignoran hasta que te disculpas y les dices que no volverás a hacer algo así.

SÍ o NO

10. ¿Te Sientes Como Tu Peor Enemigo?

¿SIENTES QUE NO PUEDES hacer nada bien? ¿Tu pareja generalmente te dice lo que estás haciendo mal y cómo debes cambiar tu comportamiento para hacerlos más felices? Los vampiros energéticos/emocionales critican, intimidan y destruyen la autoestima de su pareja para obtener el control sobre ellos. Esto llevará a la autocrítica y ansiedad. Comenzarás a preocuparte de que no estás haciendo algo bien. Mucha gente empieza a pensar: "Si hago esto, ¿qué pensará mi pareja?". Cuando cometes un error, es lo peor del mundo porque has hecho infeliz a tu pareja.

SÍ o NO

11. ¿Te Sientes Confundido Por Las Acciones De Tu Pareja?

LOS VAMPIROS ENERGÉTICOS/emocionales pueden hacer que un empático se sienta muy confundido. Si te sientes así después de pasar tiempo con tu pareja, es posible que sea un vampiro energético/emocional. Esto sucede porque han tomado tantas de tus emociones que te sientes desequilibrado. Esto también sucede porque sus acciones no siempre tienen sentido. Por ejemplo, te intimidarán y te traerán flores la misma noche.

SÍ o NO

12. ¿Tu Pareja Tiene Mucho Drama?

EL DRAMA TIENDE A SEGUIR a los vampiros energéticos/emocionales. No importa con quién están o qué pasa, siempre hay algún tipo de drama. Tienden a empezar su propio drama y luego tratan de encontrar a alguien que arregle lo que empezaron. Una vez que entraste en escena, te convertiste en esta persona. Vendrían a ti y te pedirán que encontraras una solución a su problema a su manera. Como los vampiros energéticos/emocionales rara vez piden a la gente que les ayude directamente, suelen decir algo como: "No me merezco lo que me está pasando".

Como empático, tu corazón comienza a romperse cuando quieres ayudarlos. Por lo tanto, decides hacer todo lo que puedas para ayudarlos a superar su situación. Al principio, lo haces sin pensar demasiado en ello. Pero una vez que tu pareja comienza a succionar tu energía, comienzas a sentirte frustrado y cansado de arreglar sus problemas todo el tiempo. Sin embargo, te encuentras haciendo lo que puedas para ayudarlos hasta que te vayas, tomas una posición o abandonas la relación.

SÍ o NO

Tus Resultados

CADA UNA DE LAS DOCE preguntas se centra en un rasgo de un vampiro energético/emocional o en cómo puede afectarte. Aunque no hayas marcado con un círculo "sí" a cada pregunta, tu pareja podría seguir siendo un vampiro energético/emocional. Es posible que no notes algunas de las características discutidas en este cuestionario. Podrías estar ciego a algunas de las situaciones que enfrentas diariamente.

Si has tomado esta prueba y estás llegando a la conclusión de que estás en una relación tóxica, el mejor paso que puedes tomar ahora mismo es tomar tiempo para ti. Aceptar el hecho de que tu pareja es narcisista es difícil de procesar. Necesitarás tiempo. También te preguntarás continuamente si estás en lo correcto en su pensamiento. Desafortunadamente, lo estás, especialmente si tus instintos están de acuerdo con tus pensamientos.

Si te preguntas qué hacer a continuación, esto depende completamente de ti. Podrías evaluar tu relación y preguntarte si es tiempo de irse. Podrías pensar en maneras de hablar con tu pareja acerca de tus resultados. Aunque es difícil, hay algunos narcisistas que quieren establecer un equilibrio interior más saludable y paz mental. Hagas lo que hagas, debes asegurarte de que estás seguro y listo para el siguiente paso.

Capítulo 7: ¿Qué Es Codependencia?

Una de las mejores maneras de pensar en la codependencia es pensar en dos personas dentro de una relación que se necesitan mutuamente para funcionar. Esto puede suceder en cualquier tipo de relación, al menos por un período. En una relación saludable, las personas dependen unas de otras para ayudar a que la relación funcione. En una relación tóxica, las personas dependen unas de otras para ayudarse a sí mismas. Esto es especialmente cierto para un narcisista, ya que sólo estarán en una relación para su beneficio.

También vale la pena mencionar que tu relación tóxica no necesita ser codependiente. También hay que tener en cuenta que la empatía y la codependencia no son lo mismo. Como empático, no necesitas a nadie más para funcionar. Se convierten en amigos y conocen a la gente para ayudarles a sanar de una experiencia traumática. La empatía es un don. La codependencia ocurre cuando dos personas comienzan a perder un poco de su independencia; sin embargo, siempre se puede recuperar.

Si sospechas que la codependencia es una parte de tu vida a la que estás enfrentando y te gustaría aprender más, por favor consulta mi libro complementario sobre el tema titulado "¿Soy Codependiente?" Este capítulo cubrirá brevemente la codependencia para darte un resumen, y más información está disponible si la necesitas.

Señales de una Relación Codependiente

UNA DE LAS MEJORES maneras de entender la codependencia es conocer sus señales. Porque cada relación es diferente, hay docenas de señales. Para el propósito de este libro, estoy discutiendo algunos de los más comunes que se encuentran en una relación de codependencia.

Tienes Baja Autoestima

AL ENTRAR EN LA RELACIÓN, sabías tu autoestima. Tenías confianza, y creías que podías lograr cualquier cosa que te propusieras. Ahora, estás en medio de una relación, y estás luchando por creer en ti mismo. Tu desempeño laboral está sufriendo y ya no te cuidas como antes. Te encuentras a ti mismo durmiendo más a medida que te frustras con tu estado de ánimo. A veces, sientes que estás deprimido porque no crees que te has convertido en esta persona. No sabes cómo te convertiste en esta persona. Sabes que no eres tú, pero no puedes encontrar a la persona que una vez fuiste.

Te encuentras dependiendo de tu pareja para ayudar a aumentar tu autoestima. Aunque esto podría no suceder, buscas cualquier señal de que ellos se preocupan por ti y te apoyan para poder concentrarte en ti. Desafortunadamente, en una relación tóxica, no podrás construir tu autoestima hasta que encuentres el valor para irte. Tu autoestima continuará debilitándose a medida que tratas de encontrar una manera de reconstruirlo.

Te Esfuerzas por el Control

EN UNA RELACIÓN NARCISISTA, sin saberlo le das mucho control al narcisista. Esto creará la necesidad de encontrar más control porque las personas necesitan sentirse en control de sus vidas. Cuando sienten control, se sienten seguros. La seguridad es una necesidad humana básica que nos hace sentir mejor. Con la pérdida de seguridad, empezamos a sentirnos negativamente acerca de nosotros mismos y podemos sufrir de ansiedad y depresión.

Buscarás varias avenidas en la vida para encontrar el control. Por ejemplo, podrías encontrarte a ti mismo controlando lo que comes. Es posible que sólo comas verduras y frutas mientras estás tratando de perder peso o comer en exceso.

Tu Relación Carece de Comunicación

CUANDO SE TRATA DE esta señal, es importante darse cuenta de que casi todas las relaciones carecen de comunicación en un momento u otro. Esto puede ser porque alguien olvidó explicar algo, o porque alguien tiene miedo de explicar una situación. Cuando estás en una relación tóxica, podrías darte cuenta de que nunca tuviste una comunicación fuerte con tu pareja. Esto se debe a que los narcisistas son excepcionales al ponerse una máscara para ocultar cómo actúan realmente y cuáles son sus verdaderas intenciones, al menos al principio. Una vez que se sientan cómodos, comenzarán a quitarse la máscara, aunque sólo sea por un breve momento. Pero, en ese momento, serás capaz de ver su verdadero yo. Esto es usualmente cuando un empático comienza a darse cuenta del tipo de relación de la que es parte.

La falta de comunicación ocurre cuando la gente lucha por hablar y llegar a acuerdos. Para un empático, esto sucede cuando se sienten incómodos en la relación o asustados. Un narcisista nunca aprende a comunicarse bien porque está demasiado concentrado en sí mismo.

Hay Una Necesidad de Aprobación

BUSCARÁS A TU PAREJA cuando necesites sentir que te aprueban. Podrías hacerles algunas preguntas, como "¿Qué opinas de esto?" o "¿Te gusta esto?" Si ellos no lo aprueban, encontrarás algo que aprueben.

Recurrir a tu pareja para que lo aprueben es una pendiente resbaladiza porque te está devaluando a ti mismo. Estás más enfocado en asegurarte de que tu pareja esté contenta con lo que estás haciendo que contigo mismo. También tendrás la necesidad de aprobación, ya que esto te ayudará a aliviar tus temores de abandono. Si sientes que, si tu pareja aprueba tu comportamiento y lo que estás haciendo, no te abandonarán.

Emociones Doloras y Pensamientos Oscuros

LAS PERSONAS EN RELACIONES de codependencia no son tan felices como creen que son. De hecho, puede que no sean felices en absoluto. En una relación tóxica, lucharás con emociones dolorosas que pueden llevar a pensamientos oscuros. Estos pensamientos no siempre se tratan de hacerte daño a ti mismo. También pueden enfocarse en tu baja autoestima a medida que continúas menospreciándote. Te dirás a ti mismo que no llegarás a nada o que nunca serás capaz de hacer feliz a tu pareja.

Quiero tomar este tiempo para darte un mensaje muy importante: si estás sufriendo de pensamientos oscuros que incluyen dañarse a sí mismo o a alguien más, por favor busca ayuda. Si no te sientes cómodo yendo con alguien que conoces, hay una variedad de sitios web y grupos de apoyo en línea que te permitirán buscar ayuda. Vales mucho y mucha gente que te quiere. Tu salud y tu vida importan. Haz lo que tengas que hacer para cuidarte a ti mismo, para que puedas encontrar tu lugar feliz y saludable dentro de este mundo otra vez.

Luchas Con Los Límites

DEPENDER DE OTRA PERSONA significa que no vas a entender dónde está tu línea divisoria a menos que te ayuden con ello. No confiarás lo suficiente en ti mismo para asegurarte de que estás siguiendo tus límites o de que los límites son los mejores para la relación. Además, dependiendo de tu estado de ánimo, es posible que tengas que luchar para que te importe que estés imponiendo tus límites. Podría preguntarte: "¿Estoy seguro de que estoy estableciendo los mejores límites? o "¿Cómo puedo imponer con éxito mis límites?"

Estás En Una Relación Codependiente, ¿Ahora Qué?

ES IMPORTANTE EVALUAR tu relación antes de pensar en los pasos a seguir después de darte cuenta de que estás en una relación codependiente. Por ejemplo, si también te das cuenta de que tu pareja es narcisista, probablemente será mejor pensar en dejar tu relación que tratar de arreglar la codependencia. Un narcisista no va a tratar de trabajar para arreglar su relación porque no creen que les pase nada malo, es todo tuyo. Sin embargo, si quieres tratar de trabajar para ser más independiente tú mismo, ya que sientes que te dará el coraje para salir de tu relación, aquí tienes algunos pasos a considerar.

No Siempre Serás Codependiente

UNA VEZ QUE TE DAS cuenta de que eres codependiente, puedes cambiar tu comportamiento. No siempre serás codependiente. No será fácil y necesitarás tener paciencia. Sin embargo, con dedicación, creyendo en ti mismo y trabajando duro, serás capaz de alcanzar tu estado ideal de independencia dentro de tu relación. Por supuesto, también puedes trabajar para recuperar tu independencia una vez que dejes tu relación. No tienes que estar en una relación para sanar tu codependencia.

Siempre Busca Terapia

YA SEA QUE SE TRATE de terapia individual o de pareja, siempre se debe considerar la posibilidad de hablar con un terapeuta. Ellos pueden ayudarte a entender por qué te vuelves dependiente de tu relación. También pueden ayudarte a encontrar estrategias para recuperar la independencia que una vez tuviste. Pueden ayudarte a fortalecer tus emociones y a sanar.

Puede haber mucho estigma social cuando se trata de consejería. Cuando estás luchando con una mentalidad negativa, esto puede hacer que te sientas incómodo de ir o avergonzado de buscar ayuda. Siempre recuerda, se necesita valor para admitir que necesitas ayuda y pedirla. Nunca debes avergonzarte de buscar ayuda para volver a encaminar tu mentalidad positiva. Está orgulloso de los pasos que estás dando para asegurarte de que estás mental, emocional y físicamente feliz, saludable, bien equilibrado y en paz.

Asegúrate De Tener Tiempo A Solas

HAZ LO QUE NECESITES para tomarte tiempo para estar solo. Esto puede significar que lo programes durante el día. También puede significar que hables con tu terapeuta sobre cómo concentrarte en ti mismo. Algunos empáticos pueden luchar cuando se trata de tomar tiempo a solas porque se sienten culpables. Es posible que tengas que darte permiso para tomarse un tiempo a solas. Puedes hacerlo diciéndote a ti mismo o escribiéndote: "Está bien que te tomes un tiempo para mí mismo. Es saludable y me ayudará a concentrarme en un estado mental positivo. Alcanzaré un sentimiento de paz interior y podré ayudar a la gente mientras estoy recargado y equilibrado".

Vuelve A Ponerte En Contacto Con Tu Familia Y Amigos

HAY MUCHAS RAZONES por las que tu mente se encuentra perdiendo la conexión con tu familia y amigos en una relación tóxica. Esto puede deberse a que cuando te vuelves codependiente, te aíslas de otras personas. También puedes perder la conexión porque tu pareja controló con quién hablabas y con quién no. Cualquiera que sea la razón para perder contacto con tu sistema de apoyo, debes asegurarte de volver a contactarte con ellos. Ellos podrán ayudarte en este momento difícil. Tratarán de entender tanto tú como ellos a hacer lo que puedan para ayudarte a encontrar un lugar mentalmente estable y feliz de nuevo.

No importa cómo te contactes con ellos. Si al principio no te sientes cómodo llamándolos, envíales un mensaje o un correo electrónico. Puede llevar tiempo empezar a reconectarse con algunas personas. La clave es intentar ver cómo se desarrolla todo. Las personas en tu vida que realmente te aman y se preocupan por ti siempre encontrarán el tiempo para reconectar y ayudarte en situaciones difíciles.

Capítulo 8: Estableciendo Límites e Imponiéndolos

"Crea límites. Respeta tus límites. Di que no. Tómate un descanso. Deja ir. Mantente firme. Alimenta tu cuerpo. Ama tu vulnerabilidad. Y si todo lo demás falla, respira profundamente." — Aletheia Luna (Walter, 2019).

Los límites no siempre son fáciles de establecer, y pueden ser aún más difíciles de imponer. Parte de esta razón es que los límites son invisibles. Esto hace que sea más fácil para la gente doblar sus límites cuando se trata de ciertas personas o situaciones. Desafortunadamente, esto también puede llevar a la gente por un camino difícil. La buena noticia es que siempre puedes aprender a establecer e imponer límites.

Estableciendo Límites

DEPENDERÁ DE TI ESTABLECER cualquier límite entre tú y un narcisista. Esto se debe a que los narcisistas no son capaces de establecer límites debido a su alta opinión de sí mismos. No creen que nadie quiera poner límites con ellos. Un narcisista siente que siempre debes querer estar cerca de ellos y permitirles hacer lo que quieran. Además, no les gusta cuando alguien les da límites porque esto es una forma de control. No se supone que controles al narcisista; ellos te controlan a ti.

Uno de los pasos más importantes que puedes dar al comenzar a establecer límites es ir paso a paso. Vas a tener que luchar con el narcisista, especialmente al principio. Van a tratar de usar varias estrategias para romper dichos límites. Para mantener tu mente en paz, debes trabajar en uno o dos límites a la vez. Puedes averiguar qué límites son los mejores para empezar creando una lista. Escribe lo que necesitas para mantener una mentalidad saludable. Si todavía estás en una relación con un narcisista, necesitarás comunicar todo con ellos. Desafortunadamente, esto podría no ir bien, lo que puede causar más problemas en tu relación.

Es importante darte cuenta de que no sólo quieres establecer límites si estás involucrado en una relación tóxica. También quieres establecer límites, ya que te ayudarán a mantenerte alejado de otra relación tóxica.

Hay una variedad de consejos para establecer límites. Me voy a centrar en algunos de los consejos más conocidos que funcionan para los narcisistas y te ayudarán a mantenerte alejado de una relación tóxica.

Está No Es Una Situación De Una Sola Vez

UNO DE LOS PRIMEROS pasos que debes seguir cuando estableces límites es que lo harás constantemente con un narcisista. No podrás sentarte con ellos, explicarles los límites y esperar que sigan cada uno de ellos. Los narcisistas no van a ser capaces de comprender los límites y cómo se aplican.

Esto puede hacer que establecer límites sea un poco más difícil debido a tu naturaleza altamente sensible. Por ejemplo, el narcisista te hará sentir culpable. Saben qué botones necesitan apretar para conseguir lo que quieren, y harán todo lo que quieran. Esto puede hacer que vuelvas a caer en un círculo vicioso con el narcisista si no tienes cuidado. Necesitas hacer todo lo posible para recordar que tu salud mental es importante, y las estrategias que están usando para tratar de salirse con la suya son parte de su trastorno de personalidad. Haz lo mejor para mantenerte calmado, toma tiempo para mantener una mente en paz, y ten un grupo de apoyo fuerte que te pueda ayudar durante los tiempos difíciles.

Saber Dónde Están Dibujadas Las Líneas

LOS LÍMITES ESTABLECEN líneas invisibles que son difíciles de ver y comprender para ambas partes. A medida que te calmas y te sientes más tranquilo, puedes encontrarte a ti mismo empezando a aflojar los límites. Puede que te encuentres pensando: "Está bien si hacen esto, ya no me va a hacer daño. Me siento mejor". La realidad es que, una vez que permitas que el narcisista cruce la línea, van a seguir presionando, y pronto te encontrarás en la misma situación.

Antes de poner en marcha el límite, debes saber lo que quieres y lo que no. Escribe toda esta información si te ayuda a mantener tu mente en la línea dibujada. Por ejemplo, estás pensando en los comportamientos que toleras de tu pareja. Decide qué comportamientos tolerará y cuáles no. Decides que ya no vas a tolerar su comportamiento intimidatorio, así que le dices a tu pareja: "No voy a tolerar que me insultes, me intimides o me menosprecies de ninguna manera. Tienes que respetarme como tu pareja. Si no sigues esto, terminaré la conversación, dejaré el área y volveré cuando sienta que podemos discutir la situación civilizadamente".

No Necesitas Compartir Todo

LOS NARCISISTAS SON buenos interrogando a la gente. Quieren saber todo sobre ti y la situación, ya que esto les ayuda a mantener el control. No importa la táctica que prueben contigo, el mejor consejo para recordar en esta situación es que no tienes que compartir nada que no quieras. Si sientes que la información que piden le va a dar munición para que la guarden en tu contra, no la compartas. No respondas a sus preguntas ni intentes cambiar la conversación a algo más.

No Continúes Si No Te Sientes Cómodo

HAY MUCHOS COMPORTAMIENTOS que te harán sentir incómodo cuando estés con un narcisista. Por ejemplo, pueden menospreciarte o avergonzarte delante de otras personas. Si te encuentras en una situación incómoda, no continúes la conversación. De hecho, algunas personas dicen que ni siquiera deberías responder. Un narcisista tiende a continuar con sus comportamientos cuando se les da una reacción. Por lo tanto, si no reaccionas, eventualmente dejarán de hacerlo.

Esto puede ser difícil para un empático debido a la mezcla de emociones que tendrás dentro de ti. Comenzarás a sentirte abrumado, lo que puede crear más luchas. Al mismo tiempo, si estás en un lugar público, tratarás de retenerlo todo. Por supuesto, esto sólo puede empeorar la situación porque continuarás absorbiendo energía. Como empático, siempre necesitas hacer lo que puedas para ayudar a controlar tus emociones, sin importar en qué ambiente te encuentres. Si te encuentras en esta situación, tómate un momento para salir afuera o en una habitación diferente donde puedas estar solo por unos minutos. Trata de ordenar tus emociones, use la meditación o ejercicios de respiración para ayudar a deshacerse de algunas emociones negativas.

Otra técnica para usar en una situación incómoda es hablar sobre algo que le importa al narcisista. Esto hará que él aborde un tema diferente y te dará un respiro de la situación incómoda.

Indica Lo Que Están Haciendo de Manera Objetiva

ENFRENTAR AL NARCISISTA sobre su comportamiento es útil cuando se trata de establecer e imponer los límites, pero hay empáticos que lucharán con este paso. Está bien si te sientes incómodo diciéndole al narcisista: "Me estás intimidando" o "Me estás menospreciando, y eso no está bien". Podrías preocuparte por este paso debido a su respuesta. El factor clave a recordar es que su respuesta no importa. No tienes que decir nada más después de haberlos enfrentado por su comportamiento. Todo lo que tienes que hacer es defenderte y no permitirte doblarte si intentan algo.

Tener Un Plan De Escape

LOS NARCISISTAS INTENTARÁN múltiples estrategias para conseguir lo que quieren. Si notan que su rutina habitual no funciona, intentarán encontrar algo que sí funcione. Por ejemplo, si solías doblegarte a sus necesidades por culpa, pero esto ya no funciona, podrían tratar de intimidarte. Es posible que sientan que un enfoque más agresivo hará que hagas lo que quieren. Es importante asegurarse de no doblar tus límites, sin importar la estrategia que intenten usar. Una manera de ayudarte a seguir tus límites es desarrollar un plan de escape. Puede que te vayas de la habitación si no dejan de menospreciarte después de que tú se lo pidas.

Hay muchas maneras en las que puedes dejar una conversación cuando no te sientes cómodo. Por ejemplo, puedes ser directo o inventar una excusa, como que necesitas estar en algún lugar, o necesitas llamar a alguien. Uno de los factores más importantes a recordar es que nunca se necesita el permiso de nadie para salir de una situación incómoda. Necesitas preocuparte por tu salud mental, así que levántate y vete si no te gusta la conversación o cómo está actuando tu pareja.

Imponer Límites

ALGUNAS DE LAS TÉCNICAS que hemos discutido anteriormente son siempre maneras que te ayudarán a imponer tus límites. Por ejemplo, salir de la habitación cuando tu pareja te hace sentir incómodo o no sigue los límites los hará cumplir. Por supuesto, hay muchas otras técnicas disponibles para ayudarte a mantener tus límites exactamente donde deberían estar.

Consistencia

SIEMPRE ES IMPORTANTE ser consistente cuando se imponen límites. Esto no sólo te ayudará a ti, sino que ayudará al narcisista a darse cuenta de que ya no vas a doblarte por ellos. Esto no significa que dejarán de intentarlo, pero sí significa que están empezando a retroceder. Dependiendo de dónde se encuentren en su relación, si todavía están en una, dependerá de cómo manejen la relación a partir de este momento. Pero el mejor paso que puedes dar es seguir siendo coherente con tus límites.

No, Significa No

MUCHA GENTE LUCHA CON la palabra "no". Lucha por comprender la palabra, y luchan por decirla. Como empático, luchará para decir e imponer la palabra no. De hecho, probablemente ya te hayas dado cuenta de que haces esto. Dices "no" y te encuentras sintiéndote culpable porque todo lo que hizo la persona fue pedir un poco de ayuda. ¿Por qué no pudiste ayudarlos? Empiezas a pensar si realmente hubiera sido una carga demasiado grande aceptar ayudarlos. No pensamos a menudo: "Dije que no porque estoy emocionalmente exhausto y necesito cuidarme" o "Se me permite decir que no cuando no me siento cómodo ayudando a alguien".

Un narcisista sabe que luchas por hacer cumplir la palabra no. Saben que ya te sientes culpable, así que fácilmente pueden hacer que te sientas aún más culpable. Intentarán cualquier cosa para hacer que cambies de opinión una vez que te oigan decir la palabra "no". Entiendo que no siempre es fácil, pero decir "no" también te ayudará a sentirte mejor. Comenzarás a sentirte menos estresado, podrás crear un mejor equilibrio interno y te sentirás mejor.

No necesitas explicar por qué dijiste que no. De hecho, piensa en la palabra como una oración completa. No necesitas abrirte y decirle a nadie tu razonamiento. Ni siquiera necesitas pensar en una razón.

Tus Límites No Son Negociables

NO NEGOCIES TUS LÍMITES con nadie. Una vez que pides el consejo de alguien, estás empezando a renunciar a tu control con tus límites. Eventualmente, te encontrarás permitiendo que la gente cruce la línea imaginaria, y el ciclo continuará. Necesitas tomar tiempo para evaluar tu salud emocional y mental, qué problemas estás teniendo en tu relación, y qué es lo que quieres de la misma. Tienes que concentrarte en ser feliz, nadie más.

No Te Disculpes Por Tus Límites

COMO EMPÁTICO, TE DISCULPAS mucho. Sé exactamente cómo va esto como empático. Empiezas a sentirte mal, o tienes tanto miedo de herir los sentimientos de la otra persona que empiezas tus frases con una disculpa. Dirás: "Lo siento, pero no puedo ayudarte ahora". Luego, puedes agregar otro "lo siento" porque todavía te sientes mal por no poder ayudar. Después de todo, eres un empático y se supone que debes ayudar cuando alguien lo necesite, ¿verdad? No, siempre tienes que cuidar de ti primero.

Sé que es más fácil decirlo que hacerlo. Recuerdo cuando llegué a esta conclusión. Estaba sentada en mi césped con la espalda contra la pared de mi casa y pensando en cómo le envié un mensaje a mi amiga para decirle que no podía ir antes de la fiesta de cumpleaños de su hijo para ayudarla a decorar. Tenía mis razones, pero al mismo tiempo, sabía que iba a haber mucha gente, y no me atrevía a estar allí dos horas más.

Mirando hacia atrás, le pedí disculpas en tres mensajes diferentes. Cada vez me decía que estaba bien que no me preocupara por ello, tenía suficiente ayuda. Parte de esto me hizo sentir peor porque es una gran amiga y yo sentí que no lo era. Mientras me sentaba allí con el sol golpeándome, pensé: "No, no me voy a permitir sentirme mal. Necesito cuidar de mí. No hay razón para que me disculpe con nadie por cuidarme". En ese momento, juré disculparme menos y cuidarme más. No voy a decirte que sucedió fácilmente. De hecho, todavía me sorprendo a mí misma disculpándome por situaciones que no necesito y descuidando mi forma de pensar de vez en cuando. Pero el punto es que mantuve el control y estoy trabajando en ello. Estoy trabajando para mantener mis límites e imponerlos. Es posible, y sé que puedes seguir el mismo camino.

¿Estás disfrutando de este libro? ¡Por favor, considera dejar una reseña!

Capítulo 9: Si Soy Un Empático, ¿Por Qué No Sentí Al Narcisista?

A estas alturas, probablemente te estarás preguntando: "Si puedo sentir las emociones de alguien y sé cosas, ¿por qué no sentí a un narcisista?

Uno de los principales factores que he notado desde que empecé a imponer mis límites es que tengo los sentidos más fuertes. Presto más atención a las banderas rojas, la cuales me ayudaron a darme cuenta cuando un narcisista se interpone en mi camino. No siempre fui capaz de sentir a un narcisista de inmediato. Como empáticos, necesitamos trabajar para mejorar nuestros sentidos. Esta es una de las razones por las que puede que no hayas sentido a un narcisista; tus sentidos no son tan fuertes como pueden ser. Por supuesto, hay muchas otras razones, y por lo general hay un número de razones por las que no te diste cuenta de que tu pareja es un narcisista de inmediato.

Una de las respuestas directas al punto es que estabas cegado por tus emociones y tu creencia de que podías ayudarlos. Es posible que te hayas enamorado o que hayas dejado de lado tus sentimientos porque viste a alguien que necesitaba tu ayuda. Sin embargo, la respuesta real tiene varias partes y es más compleja que esto.

¿Cuán Fuerte Es Tu Conexión?

LA PRIMERA PREGUNTA en la que debes pensar es qué tan fuertemente estás conectado a tus habilidades empáticas. Si estabas en la relación tóxica hace años, piensa en lo fuertes que eran tus dones cuando entraste por primera vez en la relación. Es importante saber esto ya que te ayudará a distinguir una parte de tu rompecabezas. Por ejemplo, si no entendiste completamente tus habilidades empáticas o no les prestaste mucha atención, probablemente no notaste los sentimientos que recibiste del narcisista.

No hay nada malo en ello. De hecho, no hay nada malo con cualquier razón para no sentir a un narcisista o ignorar tus emociones. Todo es parte de la vida como empático. Cuando nuestra conexión no es fuerte, necesitamos tomarnos el tiempo para fortalecer nuestras habilidades y así llegar a entender el don especial que se nos ha dado.

Tu Necesidad De Ayudar Es Poderosa

COMO NARCISISTA, TIENES un poderoso sentimiento de ayudar a otras personas. Esta necesidad a menudo se puede sentir como un anhelo del que no puedes deshacerte. Además, cuanto más ayudas a la gente, más te das cuenta de que quieres ayudar a más. Si no tienes cuidado, puedes sentirte abrumado por esta necesidad, lo cual puede llevarte a relaciones tóxicas porque quieres ayudar absolutamente a todos los que puedas.

El don empático es similar a cualquier otro don que la gente tenga. Necesitas tener límites, seguir adelante con estos límites y cuidarte para mantenerte en un nivel saludable. Si te permites a ti mismo, sin tu conocimiento, volverte malsano, vas a tener que luchar para encontrar un equilibrio emocional. Cuando esto sucede, te sientes mal y hasta puedes sentir que no estás contribuyendo a este mundo. Por lo tanto, te vas a esforzar por ayudar a otras personas porque te hace sentir bien. La persona a la que ayudes no importa. A veces tratarás de ayudar a las personas que no quieren tu ayuda, lo que suele ser el caso cuando se trata de un narcisista.

No hay nada de qué avergonzarse. Aprender tus límites es parte de ser empático.

No Estabas Prestando Atención A Las Señales

MUCHAS PERSONAS SE refieren a las señales como las "banderas rojas" del narcisismo. Ya he hablado de estas banderas rojas y hay ejemplos de estas a lo largo de las páginas de este libro. Estas señales son las que hacen que un narcisista sea quien es. Son el comportamiento controlador, las tácticas manipuladoras y la necesidad de hablar de sí mismos.

Es difícil notar algo malo en la persona que sientes que es tu alma gemela, especialmente al principio de la relación. Sientes que estás en un cuento y que los sueños se hacen realidad. Desafortunadamente, esta no es una película de Disney y tu relación va a tener problemas como todas las relaciones.

No te desprecies si te das cuenta de que no notaste las señales porque pensaste que estabas enamorado. En su lugar, aprovecha esta oportunidad para crecer como empático. Busca qué límites puedes establecer para protegerte la próxima vez que un narcisista se interponga en tu camino. Busca cómo puedes ser más consciente de tu entorno y de las personas que te rodean, para que tengas más probabilidades de notar las señales.

No Entendías El Narcisismo

OTRA RAZÓN ES PORQUE en realidad no entendiste el narcisismo. Esta es una razón común porque hay más en el narcisismo que alguien que habla muy bien de sí mismo constantemente. De hecho, algunos narcisistas no siguen este método tanto como otros. Prefieren oír a otras personas hablar mucho de ellos que de sí mismas. Por lo tanto, utilizarán ciertas tácticas de manipulación para hacer que la gente empiece a hablar. Cuanto más aprendas sobre el narcisismo y la atracción magnética que tienen los empáticos hacia el narcisista, más podrás notar cuando un narcisista te habla.

Pero la Razón Más Grande de Todas: Manipulación

LOS NARCISISTAS SON profesionales cuando se trata de manipulación. Esto es cuando un narcisista engaña al empático para cambiar su comportamiento a través de ciertas técnicas. Por ejemplo, hacerte sentir culpable por decir que no, es una forma de manipulación. El narcisista está tratando de hacer que cambies de opinión y hagas lo que ellos quieren, haciéndote sentir culpable. Hay docenas de tácticas de manipulación, pero aquí están algunas de las más comunes que debes tener en cuenta.

Avergonzarte

UN NARCISISTA TE HARÁ sentir avergonzado de tu comportamiento. Pueden hacer esto frente a otras personas, incluyendo tu familia y amigos, o cuando estás solo. A un narcisista no le importa cómo te hacen sentir. Lo que les importa es que sigas sus órdenes. Por ejemplo, sales con un par de amigos y decides ir a jugar al billar con ellos. Después de que vuelves a tu mesa, tu pareja te mira y te dice: "La próxima vez que vayas a jugar al billar sin mí, trata de no hacer alarde de nada delante de los demás". Miras a tu pareja mientras sientes que tu rostro se calienta. Estás avergonzado, pero también confundido porque ni siquiera hablaste con nadie más que con tu amigo. A tu pareja no le importa con quién o no hablaste. Lo que les importa es que no salgas a jugar al billar sin ellos.

Uno de los peligros de avergonzarse es que no siempre te das cuenta de que está sucediendo. Por ejemplo, le dices a tu pareja, "No hablé con nadie, y definitivamente no alardeé de nada". Para que cambies tu perspectiva, te dirán: "Estaba bromeando. Relájate". Por supuesto, esto puede hacer que te sientas más avergonzado porque ahora parece que ni siquiera puedes aceptar una broma, que es lo que quieren. Quieren que te sientas de esta manera, ya que esto permite un mayor control sobre tus emociones.

Una de las principales razones por las que un narcisista busca avergonzar a la gente es porque es una forma de hacerte sentir débil. Esto les da poder sobre ti cuando empiezas a cuestionarte a ti mismo. Empiezas a creer que estabas alardeando delante de otras personas o que no puedes aceptar una broma. Te harán cuestionarte a ti mismo

Ellos Actuarán Como La Víctima

TU COMPAÑERO LLEGA a casa del trabajo y empieza a despotricar sobre su jefe. Están enojados porque su jefe les dijo que están mostrando un desempeño laboral pobre y que ahora están en periodo de prueba. Si no mejoran su rendimiento en unos meses, serán despedidos. Comienzan a desquitarse contigo cuando te dicen: "Si hicieras algo más por aquí, no estaría tan estresado en el trabajo. ¿Por qué eres tan perezoso?" Le dices a tu pareja que trabajas sólo para volver a casa a cocinar y limpiar. A continuación, recuérdales que no recogen lo que han hecho, lo que deja que tú lo hagas. En respuesta, tu pareja dice: "Simplemente no me entiendes. ¿Por qué no puedes estar de mi lado y apoyarme?"

Tendrás muchas conversaciones y discusiones que terminarán con tu pareja actuando como la víctima. Incluso si estás tratando de decirles cómo te sientes, lo girarán hacia ellos. Te confundirás porque su victimización no tendrá sentido para ti, pero no tiene por qué tenerlo. Es una táctica de manipulación para intentar que les des simpatía.

Actuarán Como Un Salvador

"ESTOS MARCOS EN LA sala de estar están torcidos. Te dije que los comprobaras cuando limpies la casa. ¡Vamos! ¡¡¡No seas estúpida!!!" — Un marido narcisista a su mujer (Ni, 2019).

Es posible que hayas escuchado algo similar a la cita anterior. Esto se debe a que sigue una táctica de manipulación común que hace que parezca que tú los necesitas. No podrás limpiar la casa correctamente si no los tienes diciéndote cómo hacerlo. Mientras los veas como controladores e irrespetuosos, ellos se verán a sí mismos como tu salvador. También comenzarán a hacerte creer que esto es cierto. Cuanto más te diga un narcisista comentarios como el de arriba, más bajará tu autoestima. Si esto sucede demasiado, empezarás a creer que tienen razón, los necesitas para realizar tareas sencillas.

Capítulo 10: Escapando de la Relación Tóxica y Recuperándose

Este capítulo cubrirá tu escape de una relación tóxica, potencialmente abusiva. Si sientes que te gustaría escuchar más información sobre el abuso narcisista, he escrito un libro entero sobre el tema que eres bienvenido a consultar el título, "Abuso Invisible", que cubre en profundidad la manipulación encubierta y las tácticas de abuso de los Narcisistas y cómo defenderse contra ellos.

Hay muchas razones por las que elegiste leer este libro. Podrías haber colocado este libro en tu carrito porque querías entender la conexión entre los narcisistas y los empáticos. Puede que hayas hecho clic en este libro porque quieres sanar de tu pasado tóxico entendiendo mejor la conexión. También podrías estar aquí porque todavía estás en una relación tóxica y no estás seguro de cómo salir. Cualquiera que sea la razón, este capítulo está aquí para ayudarte si necesitas escapar y sanar o simplemente sanar.

A aquellos de los que todavía necesitas escapar, quiero que sepas que entiendo por lo que estás pasando. Entiendo el miedo, la preocupación y la cantidad de valor que necesitas construir antes de poder dar el salto. Este es un momento difícil en tu vida, pero sé que tienes la fuerza para dejar tu entorno tóxico. Sé que puedes superar este desafío, sanar y convertirte en una mejor persona gracias a ello. No importa donde estés emocional y mentalmente sentado en este momento, tienes el poder y eres especial.

A aquellos que se han ido pero que todavía están sanando, los entiendo también. Estoy orgullosa de ti por haber dado el paso y sé lo difícil que es sanar. Eres una persona increíble que está llena de coraje, y continuarás superando este momento difícil en tu vida. Sé que todavía tienes muchas preguntas y que el hecho de que ya no estés en la relación no significa que no estés sufriendo. Nunca olvides la fuerza que tienes. Ya has dado un gran paso para cambiar tu vida. Continúa tu camino con la cabeza bien en alto.

Terminar la Relación Tóxica

TERMINAR UNA RELACIÓN no es un paso fácil. Sin embargo, puede empeorar aún más cuando estás en una relación tóxica. Hay otros factores que a menudo contribuyen a la necesidad de irse. Por ejemplo, podrías estar en una relación mental, física o emocionalmente abusiva.

Cuando estás tratando de dejar tu relación tóxica con un narcisista, va a haber ciertos factores que incluyes para dejar la relación. Por ejemplo, para tu seguridad, es posible que tengas que salir cuando no estén presentes. Aunque nunca quieras dejar una relación sin informar a tu pareja, es posible que esto no sea posible en la relación en la que estás. Por otro lado, podrías tratar de terminar la relación, pero descubrir que tu pareja está en negación. No creen que darás el paso para dejarlos. Recuerda, un narcisista piensa que es la persona más importante del mundo, ¿por qué los dejarías?

No importa cuál sea tu historia, aquí hay algunos pasos a seguir cuando escapes de una relación tóxica.

Salir de la Fase de la Negación

NO IMPORTA SI ERES tú el que está tratando de irse o no, todavía hay una fase de negación y necesitas superar esta fase para terminar tu relación. Te vas a encontrar en la negación por muchas razones. Una de ellas es porque la gente cree que, si dejas a alguien que amas, nunca lo amaste de verdad. Esto puede hacer que la gente se sienta engañada o que el amor no existe. Sin embargo, esto también es un mito. Puedes dejar a alguien que amabas. El hecho es que te quieres más a ti mismo. Esto no quiere decir que también seas un narcisista. Es decir que valoras tu autocuidado. Puedes amar a alguien y aun así negarte a vivir de la manera que ellos quieren que vivas o permitir que te traten mal. Otra razón es porque es difícil dejarlo ir. No queremos creer que esto es realmente el fin. El hecho es que, si te sientes así, los amas, pero no estás dispuesto a soportar los factores de la relación.

A medida que bajas del barco de la negación, va a ser emocionalmente doloroso y agotador. Esta es una fase por la que a nadie le gusta pasar, pero que forma parte del proceso. También es uno de los primeros pasos de la sanación. Estás llegando a un acuerdo con todo. En este punto, te vas a hacer docenas de preguntas, tales como: "¿Mi pareja me agota?" "¿Me siento amado?" "¿De verdad los amo?" "¿Son capaces de cambiar?" "¿Nuestra relación es de dar y recibir o sólo estoy dando?" Las preguntas que contestes serán generales y también se enfocarán directamente en tu relación. Tómate tu tiempo para pensar en las preguntas que tienes. Puede que te resulte útil escribirlas y añadirles tus respuestas y emociones. Necesitas reflexionar para separar tus emociones y empezar a sanar.

Conocer Cuáles Son Las Ventajas

ESTO PUEDE SONAR COMO un paso atrás, pero va a ser útil en tu proceso. Primero, siempre quieres hacer lo mejor para mantenerte positivo, no importa lo que esté pasando. Esto va a ser más difícil bajo algunas circunstancias, pero te ayudará a sanar de la depresión, la tristeza o cualquier tipo de emoción.

No importa en qué relación estés, hubo buenos momentos. Piensa en esos tiempos. Piensa en lo que tu pareja hace por ti. Un narcisista no hará mucho por ti, pero hay un par de situaciones en las que te pueden ayudar. Por ejemplo, pueden haberte ayudado a aprender que necesitas cuidar de ti mismo. Un narcisista a menudo puede ayudar a las personas a encontrar un equilibrio entre el cuidado de otras personas y el suyo propio. Sin embargo, por lo general no se dan cuenta de que lo están haciendo. A veces aprenderás este equilibrio un poco más naturalmente a medida que empieces a liberar la negatividad, ellos te llevan o ven las maneras saludables en que cuidan de sí mismos.

Puedes resolver esto haciéndote una serie de preguntas, tal como lo hiciste en el último paso. Por ejemplo, ¿tu pareja te hace sentir atractivo? ¿Disfrutan viendo películas juntos? No te avergüence ni tengas miedo de pensar en los beneficios. Existen, si no, no te hubieras quedado en la relación.

Escribe Tus Emociones

NO SÓLO QUIERES PRESTAR atención a tus emociones, sino que también te será útil escribirlas. Primero, esto siempre es algo que hacer cuando estás luchando por entender tus emociones o tratando de separarlas de las de otras personas. Aunque siempre puedes tomarte el tiempo para escribir sobre tus emociones a medida que van sucediendo, hazlo tan pronto como puedas. Siempre puedes usar un bloc de notas u otra aplicación descargable en tu teléfono que te permita escribirlas. También puedes escribirlo todo en un mensaje de correo electrónico o crear una cuenta de Google Docs. Esto te permitirá usar tu teléfono para escribirlo y recuperarlo en tu computadora. Por supuesto, siempre hay papel y bolígrafo.

Otra razón por la que debes comenzar a escribir tus emociones es porque puede ayudarte a sanar. Uno de los mayores beneficios de escribir es que te ayuda a sanar emocional y mentalmente. Además de escribir tus emociones, puedes tomarte el tiempo para escribir sobre tu día. Reflexiona sobre tu relación si tienes problemas para irte e intenta averiguar por qué. ¿Qué es lo que te mantiene atado a tu pareja, a pesar de que te lastiman tanto? A veces nos puede resultar difícil empezar a escribir, especialmente sobre algo que nos está afectando tanto. Sin embargo, una vez que empieces a escribir las primeras palabras, tendrás problemas para dejar el lápiz, el teléfono o la laptop.

Llena Tu Vacío

DEJAR UNA RELACIÓN va a crear un agujero en tu corazón y en tu vida. Va a llevar un tiempo llenar este vacío, por lo que uno de los mejores pasos que puedes dar es comenzar antes de que salgas de tu relación. Primero, esto te ayudará a encontrar el valor para irte. Comenzarás a depender de ti mismo para llenar cualquier vacío que tengas en tu vida en lugar de buscar a otras personas que lo hagan por ti.

Para hacer esto, haz una lista de 5, 10, 15 o 20 ideas de autocuidado, pasatiempos o cualquier cosa que puedas hacer para llenar el vacío. No quieres estar tan ocupado que estés ignorando tus emociones. Simplemente quiere ayudarte a ser completo de nuevo mientras mantienes una actitud consciente.

Una lista de ejemplo podría tener el siguiente aspecto:

1. Tomar el tiempo para escribir durante media hora todos los días.
2. Meditar durante 10 minutos cada mañana.
3. Cuando sea necesario, hacer una pequeña terapia de compras con un amigo.
4. Salir a tomar un café con amigos.
5. Aprender a hacer mis propias joyas.
6. Acurrucarme con mis mascotas y estar agradecido por mi tiempo con ellas.
7. Escuchar canciones que me hablen y permitan que mis lágrimas fluyan.
8. Inscribirse en un gimnasio y tomar tiempo para hacer ejercicio de tres a cuatro veces por semana.
9. Salir a la naturaleza, por ejemplo, dar un paseo por una carretera rural o a hacer una excursión.
10. Ir a lagos y dejar que el sonido y el calor del sol sane mi alma.

Salir Con Amigos Y Familiares Positivos

PROBABLEMENTE HAS ESCUCHADO la frase de que empiezas a actuar como la gente con la que sales. Aunque siempre mantienes tu individualidad, hay mucha verdad en esta declaración. Si sales con gente que es negativa, vas a ser más negativa. Por otro lado, si sales con personas que son positivas, entonces te volverás más positivo. La base de este paso es rodearse de gente que traerá positividad a tu vida, especialmente cuando estás luchando con una situación negativa.

Fíjate en tus amigos y familiares que te brindan la mayor felicidad y apoyo. Piensa en los que son capaces de encontrar lo positivo en cada situación negativa. De hecho, es probable que ya tengas varias personas viniendo a tu mente. Por otra parte, puede que sólo tengas unos pocos. Enfrentémoslo, como empáticos somos típicamente introvertidos y preferimos tener unos pocos amigos íntimos que varios. El punto es, tomar algo de su positividad.

Escríbete Pequeñas Notas

UNA DE LAS MEJORES maneras de mantener la positividad es leyendo algo que es positivo. No importa si es de nosotros mismos o de otra persona. Compra un montón de notas adhesivas y escríbete a ti mismo pequeñas notas que pegarás en tu casa, auto, oficina o en cualquier lugar en el que te encuentres diariamente. Entiendo que querrás ser un poco más discreto si estás viviendo con tu pareja y aun así tratas de dejarla. Todos tenemos lugares a los que nuestra pareja no va ni mira a menudo. También puedes sentirte mejor si tienes estas pequeñas notas en un documento de Word en tu laptop, en Google Docs o en tu teléfono. Necesitas hacer lo mejor y más seguro para ti.

Las notas pueden decir cualquier cosa positiva que quieras que digan. Puedes escribir "¡Eres increíble!" "¡Tú puedes con esto!" "Eres inteligente" "Siéntete orgulloso de ti mismo" "Eres amado". Escribe lo que necesites escribir para tener una mentalidad más positiva. Cuanto más positiva sea, más fácil será mantener el valor para irse y sanar.

Tener Un Lugar Seguro Al Cuál Ir

ESTA NO ES LA PARTE más positiva del proceso de escape, pero es necesaria. Los narcisistas pueden llegar a ser abusivos de muchas maneras. Es importante que sepas adónde vas a ir cuando te vayas y que estés a salvo. Si sabes que esto puede convertirse en una situación peligrosa, consigue la ayuda de tantas personas involucradas como puedas. No siempre es necesario involucrar a la policía, pero si realmente te preocupa tu seguridad, sería una buena idea. No te olvides de revisar los refugios al mismo tiempo. Hay muchas organizaciones sin fines de lucro que tendrán recursos para ayudarte en estos tiempos difíciles. Serán capaces de darte un sentido de apoyo y ayudarte a sanar. No es fácil centrarse en nosotros mismos como empáticos, pero es necesario. De hecho, esto se vuelve más importante cuando los tiempos son difíciles.

Permítete Sanar Y Descansar

NECESITAS ASEGURARTE de tomarte tiempo para ti después de dejar una relación tóxica. Necesitas darte tiempo para recargar y encontrar tu equilibrio. Esto va a tomar más tiempo que una recarga o equilibrio normal porque has lidiado con una relación tóxica por tanto tiempo.

Mientras que podrás encontrar tu equilibrio dentro de unas pocas semanas a un par de meses, todavía necesitarás sanar. Desafortunadamente, la sanación de una relación tóxica puede tomar años. Algunas personas nunca lo superan. La clave es tomarte tu tiempo. Necesitas reconocer tus emociones para comenzar el proceso de sanación. También necesitas hacer lo que sea necesario para comenzar a sanar, como escribir o ir a terapia.

Encontrar El Valor Para Irse

EL PASO PRINCIPAL ES encontrar el valor para irse. Encontrar el suficiente dependerá de varios factores, tales como cuánto tiempo has estado en la relación. Si estás casado y has sido parte de la relación por años o décadas, puede tomar tiempo para acumular suficiente valor para que te vayas. Por otro lado, puede que estés tan harto de la relación y de tu pareja que te vayas sin pensarlo dos veces.

Hay muchos lugares donde puedes buscar valor. Una de las mayores fuentes de valor vendrá de tu grupo de apoyo. Incluso si no has hablado con tus padres, hermanos, primos y amigos, ellos querrán ayudarte a dejar una relación tóxica. A través de tu apoyo, sentirás que puedes lograr este paso.

Encontrar el valor para irse también va a venir de lo más profundo de ti. Necesitarás enfocarte en los aspectos positivos de tu vida y en lo que quieres lograr. También puedes pensar en cómo quieres alcanzar lo mejor de ti mismo, pero tu pareja no te ayudará a alcanzar esta meta. Querrá enfocarse en construir tu autoestima y decirte a ti mismo que eres inteligente, compasivo, solidario, cariñoso y que tiene un talento increíble. Dite a ti mismo que tienes un gran don como empático y que serás capaz de lograr más de lo que nunca pensaste que fuera posible una vez que encuentres el valor para marcharte. Hay una variedad de maneras de encontrar valor. Necesitas enfocarte en cómo puedes construir el valor dentro de ti. Incluso si no sientes que todavía tienes el fuego dentro de ti, todavía está ahí.

Pasos para Sanar

ALGUNAS DE LAS MANERAS que usas para salir de una relación tóxica son algunas de las mismas estrategias que puedes usar para ayudarte a sanar. Por ejemplo, puedes continuar escribiendo en tu diario sobre tu proceso de sanación. También querrás continuar llenando tu vacío. Una de las maneras más grandes de sanar es concentrarse en volver a encaminar tu vida. Esto es algo que puede hacer que te sientas abrumado. Por ejemplo, podrías preguntarte: "¿Cómo empiezo?" o "¿Cómo puedo hacer esto?".

Primero, necesitas hacer lo que puedas para tomártelo con la mayor calma posible. Sé que esto es más fácil decirlo que hacerlo, pero el estrés que sientes al dejar tu relación y tratar de volver a encaminar tu vida va a afectar tus emociones.

Paso Uno: Comprender las Etapas de Recuperación

AUNQUE LA RECUPERACIÓN de una relación tóxica puede ser diferente para cada persona, generalmente hay tres estados principales por los que pasarás a medida que te recuperas.

Etapa Uno: La "Víctima"

Durante esta etapa, podrías estar en negación acerca de tu relación. Te sentirás rechazado, avergonzado, herido, confundido, asustado y abandonado. Cuando se trata de enojo, estarás enojado con tu ex pareja y contigo mismo. También puedes estar enojado con la persona que los emparejó y apoyó su relación. Es importante entender que sentirse enojado con todos es una parte típica de esta etapa. Como tus otras emociones, necesitas reconocer la emoción para sanar. Si tratas de hacer la ira o cualquier otra emoción a un lado, te vas a quedar atascado en la etapa. Siempre te sentirás como una víctima. Necesitas trabajar para sentirte como un sobreviviente.

Durante esta etapa, aprenderás sobre el narcisismo y cómo surgió tu relación. También debes aprender que no estás solo. Hay millones de personas que son sobrevivientes y que todavía intentan escapar de una relación tóxica. Si necesitas apoyo, hay docenas de comunidades en línea que puedes consultar. Por supuesto, también puedes encontrar grupos locales que te ofrecerán apoyo.

Etapa Dos: Sobreviviente

Cuando estás en la etapa de sobreviviente, tus emociones y pensamientos comenzarán a ser más positivos. Te sentirás esperanzado, menos enojado, aprendiendo a calmarte y aprendiendo técnicas de autocuidado. Al mismo tiempo, estarás luchando por reconstruir tu vida. No estarás listo para perdonar a tu ex o a ti mismo todavía, y te encontrarás reevaluando otras amistades en tu vida. Con suerte, recibirás asesoramiento y trabajarás para recuperar la confianza de otras personas en tu vida. Es difícil confiar en alguien después de una relación tóxica.

Durante esta etapa, trabajará en establecer límites para ti mismo. También tendrás que concentrarte en la forma en que te apegarás a tus límites. Quieres trabajar en la sanación de tu niño interior. Por ejemplo, puedes sentir que tus padres nunca te permitieron reconocer y hablar de tus emociones. Por lo tanto, te encuentras luchando por hacerlo ahora. Esta sería una de tus vulnerabilidades, lo que puede llevarte a otra relación tóxica. Tómate tu tiempo para sanar a tu niño interior. Puedes hacer esto visualizándote a ti mismo como un niño y teniendo una conversación con ellos. Por ejemplo, imagínate sentado a su lado. Podrías comenzar a visualizar el juego con su cabello mientras les dices lo que necesitaba escuchar cuando era niño.

También necesitas recuperar tu vida. A través de la sanación, comenzarás a enfocarte en tu vida y tus metas. Te enfocarás en mantener la libertad financiera y en crear una vida social saludable. Cuando estás en una relación tóxica, puedes encontrarte distanciado de tus amigos y familiares. Una vez que estés libre de la relación, necesitas empezar a reconectarte con todo el mundo.

Paso Tres: Progresando De Ser Un Sobreviviente

En esta etapa, necesitas enfocarte en cómo te sientes todavía y trabajar para sanar esas emociones. No importa cómo te sientas todavía. Podrías estar sintiéndote enojado, avergonzado, como si estuvieras siendo juzgado por otras personas, y agobiado con pensamientos acerca de tu relación. Reevalúa tus emociones para que puedas concentrarte en las áreas que necesitas.

Durante esta etapa, debes aumentar tu autoconfianza y autoestima. Estos son dos factores importantes en nuestras vidas con los que a menudo luchamos, especialmente después de una relación poco saludable. Tómate tu tiempo para practicar el amor propio y notar tus hitos. Esta es una de las razones por las que es genial empezar un diario. Podrás mirar hacia atrás y ver cómo estás progresando con el tiempo, lo que puede hacerte sentir como si realmente estuvieras empezando a sanar.

También deberías trabajar en la consciencia, que es lo que queda en el momento. Cuanto más conscientes estemos de nuestro entorno y de las personas con las que hablemos, más podremos protegernos de otra relación tóxica. Con la consciencia, tu ansiedad comenzará a desaparecer, comprenderás mejor tus emociones y establecerás una sensación de paz en tu mente.

Paso Dos: Sacar La Toxicidad De Tu Sistema

NO TENGO QUE DECIRLES lo tóxica que fue su relación porque ustedes son los que mejor saben eso. Por ahora, también sabes cuán peligrosa es esta toxicidad para tu salud psicológica, emocional y física. Mientras que no serás capaz de limpiar tu alma en un día, verás un cambio dentro de ti desde la primera vez que te enfoques en la limpieza. Esto puede ser a través de un diario, meditación, o tomarte un tiempo para ti mismo. Podrías incluso buscar en los aceites esenciales y cristales, ya que hay muchas maneras que puedes utilizar para ayudarte a sanar.

Paso Tres: Establecer Límites Y Apegarse A Ellos

YA HE DISCUTIDO ESTO, así que no entraré en demasiados detalles al respecto ahora. La clave es asegurarse de que, independientemente de los límites que se establezcan, se cumplan. Esto no va a ser fácil al principio, y te encontrarás luchando. Comenzarás a sentirte mal cuando no puedas ayudar a alguien porque cruza tus límites.

Una vez que te recuperes, empezarás a pensar: "Puedo doblarlo un poco, sólo esta vez, para ayudar a alguien". Este pensamiento sólo te llevará a volver a caer en una relación tóxica. Necesitas recordar que tus límites están establecidos para que puedas cuidar de ti. Piensa en ellos como un escudo protector. Todos necesitamos protegernos, ya que es parte del plan de autocuidado. No hay nada de malo en apegarse a tus límites, y nunca debes sentirte culpable por cuidar de ti.

Paso Cuatro: Reflexionar, Reconocer y Perdonar

A MEDIDA QUE REFLEXIONAS sobre tu relación, te preguntas cómo llegó a ser todo, reconoces lo que pasó y aceptas tus emociones, también necesitas perdonarte a ti mismo. Puede ser difícil para un empático entender por qué se dejan atrapar en una relación.

Cuando continúas centrándote en el "por qué" y el "cómo", empiezas a perder el enfoque en la sanación. Uno de los puntos principales de la sanación es que te estás moviendo hacia adelante y no mirando hacia atrás. Cuanto más te preguntas: "¿Cómo pude permitir que esto sucediera? En cambio, necesitas reflexionar, reconocer y perdonar.

Cuando empiezas a perdonar, necesitas concentrarte en ti y en tu ex pareja. Al igual que la sanación, el perdón tomará tiempo. No intentes apresurarte, ya que sólo te sentirás frustrado. Tienes que dejar que el perdón venga naturalmente. Podrás hacer esto a medida que te tomas el tiempo para recargarte y sanar.

Paso Cinco: Pero Parte De Mí Sabía...

SÍ, ES PROBABLE QUE parte de ti supiera que eran narcisistas, y que te estabas metiendo en una relación tóxica. Siempre hay una parte de un empático que sabe lo que va a pasar y hacia dónde se dirige. Asume la responsabilidad por el hecho de que una parte de ti lo sabía. Sin embargo, debes tener cuidado de no empezar a culparte. Hay una gran diferencia entre responsabilidad y auto culparse. Es importante que no los confundas.

A medida que asumas la responsabilidad, piensa en un plan que puedas crear para ti, de manera que no caigas en otra relación tóxica. Este plan puede incluir aprender todo lo que puedas sobre los narcisistas, los empáticos y cómo se relacionan entre sí. También podrías incluir el anotar las señales de que estás entrando en una relación tóxica. Entonces discutirás estrategias que puedes utilizar para ayudar a mantenerte alejado de ese camino.

Paso Seis: ¿Cuáles Son Tus Vulnerabilidades?

UNA DE LAS RAZONES clave por las que te mantienes en una relación tóxica es porque el narcisista te dio algo que necesitas. Esto podría ser cualquier cosa, desde recordarte lo reconfortante que era tu madre para ayudarte a sentirte menos sola. Cualesquiera que hayan sido los factores, es necesario que los reconozcas, los anotes y trates de encontrar maneras de ayudarte a fortalecer tus vulnerabilidades. Por ejemplo, si estabas buscando seguridad, como tener a alguien para que venga a casa, reflexiona sobre esto. ¿Por qué no puedes sentirte seguro? ¿Cómo podrías sentirte más seguro?

Paso Siete: Sin Contacto

MIENTRAS NO TENGAS hijos, no te mantengas en contacto. De hecho, muchas personas que han dejado una relación narcisista te dirán que es mejor poner un orden personal de "no contacto" en tus límites. No les hables, no dejes que te hablen, y no dejes que ningún amigo en común hable de ellos en tu presencia. Cuando mantenemos contacto, permitimos que la persona continúe sosteniendo una parte de nosotros, especialmente como empáticos.

Lucharás para controlar tus emociones cuando se pongan en contacto contigo. Te encontrarás a ti mismo luchando por perdonar. Podrías tener recuerdos que fortalecen tu dolor interno. También puede ser que te encuentres luchando si tratan de llevarte de regreso a sus vidas. Una de las mejores maneras de asegurarte de no terminar en esa relación tóxica de nuevo es seguir el límite de no contacto. Será mejor que te digas a ti mismo: "No soy malo ni irrespetuoso con alguien a quien alguna vez amé. Me permito sanar. Me estoy cuidando a mí mismo. Me estoy protegiendo."

Capítulo 11: Tomar Medidas Preventivas

"No puedes cambiar a alguien que no ve un problema en sus acciones" — Desconocido (Bryan, 2019).

No importa dónde estés sentado con un narcisista, ya sea que aún estés en la relación, trabajando en marcharse o en la sanación, necesitas tomar medidas preventivas. La única persona que realmente puede protegerte eres tú. Mientras otras personas, como familiares y amigos, se esfuerzan por protegerte, un individuo siempre tiene que aprender a protegerse a sí mismo también. Protegerte es una manera segura de saber que podrás ver señales de alerta y mantenerte fuera de una relación tóxica.

¿Te Comportas Como Tu Mejor Yo En Su Presencia?

"EMPECÉ A CAMBIAR, ERA como si ya no fuera yo mismo. No estoy seguro de cuándo o cómo ocurrió, pero empecé a notarlo después de unos meses". Esta es una frase común cuando se trata de una relación tóxica. Esto no significa que empieces a agotarte de inmediato, aunque puedes sentir una diferencia en tu nivel de energía. Significa que tomas parte en aspectos de tu personalidad que intentas controlar o de los que tratas de alejarte. Por ejemplo, podrías encontrarte cotilleando con esta persona. Al hacer esto, podrías incluso pensar: "Espera, este no soy yo. ¿Por qué estoy diciendo cosas tan malas de alguien que me importa?"

A veces te vuelves fácilmente irritable y empiezas a perder la paciencia. Una de las razones de esto se debe a la pérdida de energía. Sin embargo, otras razones incluyen la absorción de las emociones de la persona y comenzar a tomar sus características de personalidad. Si estás con la persona regularmente, comenzarás a actuar como ella de vez en cuando, especialmente cuando estés cerca.

Cuando empieces a prestar más atención a tus pensamientos y acciones, en otras palabras, te vuelves consciente, te verás actuando de manera diferente rápidamente. Entonces podrás analizar la situación, la gente con la que estás, y por qué estás empezando a no actuar como tu mejor yo. Una vez que te des cuenta de que es por culpa del narcisista, podrás trabajar para salir de cualquier relación antes de que te vuelvas demasiado profundo. Esto no significa que te resultará más fácil conseguir que la persona deje de ponerse en contacto contigo. Pero sí significa que podrás salvarte de mucho dolor y sufrimiento emocional.

¿Cómo Te Sientes Cuándo Estás Con Ellos?

TÓMATE TU TIEMPO PARA pensar en cómo te sientes realmente cuando estás con ellos y una vez que abandonas su presencia. Aunque esto puede ser un desafío si estás comenzando a enamorarte de la persona, pronto podrás notar un cambio en tu estado de ánimo y niveles de energía, lo cual puede ayudar a evitar que continúes en una relación tóxica.

Cuando realmente te estás enamorando de alguien, te hacen sentir feliz, te dan tranquilidad y sientes que se preocupan por ti. Te sientes como si estuvieras en las nubes y nada es capaz de derribarte. No drenarán tu energía. En cambio, te darán más energía porque estás tan feliz de estar en su presencia. Te dan algo más que esperar todos los días. Encima de esto, no te pones ansioso en su presencia. No te preguntas cuál será su estado de ánimo y no te molestas por ellos.

Cuando no estás realmente interesado en la persona, te aburrirás de vez en cuando. Esto puede suceder cuando empiezan a hablar de sí mismos. Si empiezas a notar que te hacen sentir negativamente, es hora de evaluar la relación. ¿Qué están haciendo para que te sientas así? ¿Cómo te sientes? ¿Te hacen sentir culpable o avergonzado? ¿Te hablan con desprecio, lo que te hace cuestionarte a ti mismo?

Una de las primeras maneras de saber si estás en presencia de una persona sana o enferma es cómo te hace sentir. Si no te sientes saludable, tu relación se va a volver tóxica.

¿Facilitan Tu Creatividad?

LAS PERSONAS QUE SON buenas para ti te van a ayudar a tener éxito. La gente que no lo es va a hacer lo contrario. Incluso si no te ves como un artista, escritor, o te sientes muy creativo, todavía tienes creatividad en ti. Esta creatividad puede aparecer en tu trabajo, cuando cocinas o en otra actividad. Cuando te diriges a la relación correcta, te vas a sentir más creativo. Esto se debe a que te sentirás más feliz y, en cierto sentido, más vivo. Si te diriges a una relación tóxica, van a cerrar algunas de tus paredes. Vas a perder el interés en las actividades que solías disfrutar. Esto hará que cierres tu creatividad en lugar de abrirla más.

Aprender De Tus Errores

ESTO NO SIEMPRE ES fácil. He cometido errores repetidamente porque no aprendí la primera vez. Le pasa a todo el mundo. Aprender de tus errores, especialmente como empático, requiere una cierta mentalidad porque tendemos a sentirnos mal por nuestros errores. Nos sentimos avergonzados y culpables, lo que nos hace no querer pensar en ellos. Desafortunadamente, esto puede llevarte de vuelta a los brazos de un narcisista y a una relación tóxica.

En lugar de sentirte mal por tus errores, haz lo mejor que puedas para decirte a ti mismo que está bien. Incluso puedes escribir la siguiente frase y repetirla a menudo: "Cometo errores como todo el mundo. Está bien cometer errores ya que te ayudan a aprender y crecer como persona. Es una forma de alcanzar mi mejor yo".

Cuando estés analizando tu relación tóxica, piensa en los errores que cometiste y que te llevaron a enamorarte de la persona. Anota esta información y revísala con frecuencia a medida que te esfuerzas por sentirte mejor al cometer errores. Además, recordarse los pasos que llevaron a la relación tóxica te ayudará a ser más consciente de las banderas rojas.

Volviendo A La Mentalidad Correcta

OTRA TÉCNICA DE PREVENCIÓN es entrar en la mentalidad correcta. Quieres tener una mentalidad positiva y esto te dará una imagen positiva de ti mismo y aumentará tu autoestima. Esto es algo sobre lo que tendrás que trabajar a tiempo, especialmente cuando estés sanando. Concentrarse en una mentalidad positiva también te ayudará con tu proceso de sanación, ya que comenzarás a concentrarte en los aspectos positivos dentro de tu vida.

Meditación

SI NO MEDITAS, DEBERÍAS tratar de encontrar el tiempo. Sólo toma alrededor de 10 minutos y comenzarás a sentir los beneficios, tales como una mentalidad positiva, de inmediato. La meditación no sólo puede ayudar a borrar la negatividad dentro de ti, sino que también puede ayudarte a enfocarte en lo positivo. Puedes buscar en la meditación consciente, que es cuando usas una técnica de respiración para poder concentrarte en el momento presente. Todo lo que tienes que hacer es seguir unos sencillos pasos:

1. Dedica tiempo todos los días para meditar. Esto se puede hacer en la mañana para ayudar a despejar tu mente para el día.
2. Encuentra un lugar cómodo en tu casa. Puedes tumbarte o sentarte en el sofá. No importa a donde vayas, quieres asegurarte de que estás cómodo. Si te sientes incómodo durante la meditación, esto alejará tu mente de la tarea.
3. Empieza por despejar tu mente. Es posible que desees hacer esto a través de la música de meditación relajante o a través de la respiración. Si eliges respirar, comienza por respirar normalmente. Cierra los ojos, pon una mano sobre el estómago y la otra sobre el pecho. Concéntrate en su respiración o en la forma en que tus manos se mueven mientras respiras. No te concentres en lo que necesitas hacer ese día, cuáles son

tus emociones o cualquier otra cosa. Concéntrate en lo relajante que es tu respiración.
4. Respira profunda y lentamente varias veces. Continúa enfocándote en el momento presente y en cómo estás relajado. Si encuentras tu mente deambulando, simplemente vuelve a poner tu atención en tu respiración. Sé gentil contigo mismo, las mentes deambulan. No hay nada malo en ello.
5. A algunas personas les gusta enfocarse en liberar su energía negativa mientras traen energía positiva. Puedes hacer esto imaginando que tu energía negativa sale de tu cuerpo comenzando con los dedos de los pies. La energía se mueve a través de tus pies, hacia tus tobillos, piernas, caderas, estómago, pecho, cuello, cabeza, y luego hacia afuera de tu cuerpo. Entonces puedes imaginarte la energía positiva en tu entorno entrando en tu cuerpo de la misma manera. La energía comienza en los dedos de los pies y se extiende por todo el cuerpo.
6. Otra manera de deshacerse de tu energía negativa es imaginarla saliendo de tu cuerpo cada vez que exhalas. Cada vez que inhalas, puedes imaginar trayendo energía positiva a tu cuerpo.
7. Después de unos minutos o cuando te sientas relajado, abre los ojos y continúa con tu día.

Enfócate En Lo Positivo

OTRA GRAN MANERA DE entrar en una mentalidad positiva es enfocarse en lo positivo. No importa cuán pequeña sea la situación, lo que importa es la positividad que trae a tu vida.

Por ejemplo, puedes sentirte positivo cuando encuentras $20 en el bolsillo de tu pantalón. También es posible que te sienta positivo cuando puedes completar tus tareas dentro de un cierto marco de tiempo. Puedes incluso establecer metas diarias que te permitirán concentrarte en cómo lograste tus metas al final del día.

Convierte Tu Monologo Interno Negativo En Uno Positivo

TODOS HABLAMOS Y PENSAMOS negativamente sobre nosotros mismos de vez en cuando. Desafortunadamente, después de una relación tóxica, el monologo y el pensamiento negativos van a aumentar drásticamente. Cuando sigues hablando de ti mismo de una manera negativa, continúas dándole al narcisista control sobre tus emociones. Incluso si no están allí, estás dejando que la forma en que trata te afecte. Por supuesto, va a llevar tiempo cambiar tu forma de pensar. Pero si no tomas el control de tu pensamiento, continuarás permitiéndoles tener control.

Cuando empieces a hablar de ti mismo de una manera negativa, cambia tus palabras. Por ejemplo, por cada comentario negativo que hagas sobre ti mismo, hazte dos comentarios positivos. Haz lo mismo con cualquier pensamiento negativo. También puedes dar un paso más allá y escribir comentarios positivos sobre ti mismo en notas adhesivas y pegarlas en casa. Permítete ver estas notas todos los días, ya que te ayudarán a concentrarte en una mentalidad positiva.

Conclusión

"Los empáticos no vinieron a este mundo para ser víctimas, vinimos a ser guerreros. Sé valiente. Mantente fuerte. Necesitamos todas las manos a la obra." - Anthon St. Maarten (Walter, 2019).

Es verdad, a menudo puedes sentirte como una víctima como una empática. Esto no te hace un narcisista, te dice que estás luchando para encontrar tu mentalidad positiva. Estás luchando por encontrar tu lugar en este mundo. Aunque probablemente te sentirás solo con estos pensamientos, no lo estás. Cada empático atraviesa estos sentimientos en algún momento de su vida. Sé que lo hice. De hecho, seguiré luchando con ellos de vez en cuando. A veces me sorprendo pensando: "¿Por qué tengo que ser tan sensible?" A veces nuestro don de empatía se siente más como una maldición. Es importante reconocer este sentimiento ya que te ayudará a crecer como empático. Además, te permitirá sanar de una relación tóxica.

Los narcisistas y los empáticos tienen una fuerza magnética. Usualmente es el empático quien es la primera persona en notar al narcisista. Al principio, puede que no quieran tener nada que ver contigo. Sin embargo, a medida que continúes prestándoles atención, empezarán a verte como alguien que pueden utilizar. Ellos se sentirán atraídos por tu campo emocional a medida que sean capaces de alimentarse de tus emociones. Son capaces de ganarse tu simpatía cuando tienen la actitud de "compadéceme". Son capaces de hacer que hables de ellos en alta estima porque no quieres hablar negativamente de nadie, especialmente de alguien de quien te estás enamorando.

Los narcisistas son capaces de controlarte a través de tus emociones. Son capaces de concentrarse en tus emociones negativas, como la culpa, que te hará doblarte y darles lo que quieren. Esto podría incluir que cambies ciertas partes de tu personalidad para que se ajusten a su molde. Incluso puede ser que dejes tu carrera y te quedes en casa, ya que esta es una de las mejores maneras en que pueden controlarte.

Los empáticos son dadores y los narcisistas son tomadores. Esta es la razón principal por la que ambos se convierten en pareja. Lo que sea que tengas, el narcisista lo quiere, ya que les dará lo que ellos quieren. Les prestarás atención centrándote en ellos. Como empático, eres un gran oyente. Escucharás cada palabra que diga el narcisista, especialmente al principio cuando sientas que hay amor. También querrás hacer que se sientan bien consigo mismos porque eso es lo que haces. Por ejemplo, cuando vienen a ti y actúan como una víctima debido a un error que cometieron, vas a hacer lo que puedas para que se sientan mejor. Podrías estar de acuerdo con ellos, ya que culpan a alguien más por su error. Podrías hablarles de sus grandes cualidades.

Entonces, sin que te des cuenta, el narcisista comenzará a alimentarse de tu energía. Los empáticos tienen mucha energía positiva porque se esfuerzan por hacer que la gente se sienta mejor. Incluso si estás sufriendo con tus propios problemas en este momento, eres capaz de dejar esto de lado y centrarte en ayudar a la persona que está frente a ti. Cuando haces esto con un narcisista, succionarán la energía positiva de ti. Esto te hará sentir emocional y psicológicamente agotado. No entenderás por qué te sientes así, al menos no al principio. Sin embargo, cuanto más prestes atención a tu entorno, más podrás ver lo que el narcisista te está haciendo.

Este libro fue más allá de los pasos de la sanación de una relación tóxica. Te trajo al principio. Te mostró cómo te ves atrapado en una relación tóxica una y otra vez. Te dio información sobre lo que es el narcisismo, para que puedas comprender mejor a la persona y estar atento a las banderas rojas. La comprensión podrá evitar que caigas en otra relación tóxica. También aprendiste un poco sobre ti mismo como empático. No todo el mundo es consciente del poder que tienen sus habilidades empáticas, lo que también puede llevarnos a una relación tóxica tras otra. Además, para entender la atracción magnética entre los empáticos y los narcisistas, es necesario tener una clara comprensión de ambas personalidades.

Hay muchos factores que quiero que saques de este libro. Quiero que sepas que tienes un don especial que te permite sanar verdaderamente a la gente. Al mismo tiempo, necesitas estar consciente de a quién estás tratando de sanar. No todos quieren que sus heridas emocionales sanen. También quiero que sepas que puedes ayudar a alguien que no quiere tu ayuda. La gente necesita querer ayudarse a sí misma antes de permitir que alguien más les ayude. Pero, el mensaje más importante es entender el toma y da entre los empáticos y los narcisistas, para que no te encuentres en otra relación tóxica. Recuerda, no estás solo en este mundo. Hay millones de personas empáticas que están pasando por la misma situación. Tómate tu tiempo para sanar y conocer tu autoestima.

Si te gustó este libro, ¡recuerde echar un vistazo a los libros complementarios de la serie! EMPATH AWAKENING, un libro que te ayudará a dejar de absorber las emociones hirientes de los demás, ¿SOY CODEPENDIENTE?, sobre una aflicción con la que muchos empáticos se encuentran lidiando, y ABUSO INVISIBLE, sobre el abuso encubierto que los narcisistas pueden tratar con los empáticos, las personas sensibles y otros. ¡Los tres están disponibles donde compraste este título, escrito por mí, Kara Lawrence! Estos libros también están disponibles en audio.

¿Ha aprendido algo útil o disfrutaste leer? ¡Por favor, considera dejar una reseña! Esto es una gran ayuda para mí en la publicación de más libros como éste. Gracias, y ¡buena suerte en el viaje de tu relación!

Referencias

10 Steps to Getting Your Life Back After Narcissistic Abuse. (2017). Obtenido el 29 de agosto de 2019, de https://medium.com/@SoulGPS/10-steps-to-getting-your-life-back-after-narcissistic-abuse-96b5c74af29c

Androff, B. (2019). Why Empaths & Narcissists Are Attracted To Each Other (And The Toxic Relationship Between Them). Obtenido el 28 agosto de 2019, de https://www.yourtango.com/2018314308/toxic-relationship-between-empath-and-narcissist-attraction

Borchard, T. (2018). You Deplete Me: 10 Steps to End a Toxic Relationship. Obtenido el 29 de agosto de 2019, de https://psychcentral.com/blog/you-deplete-me-10-steps-to-end-a-toxic-relationship/

Bryan, K. (2019). 25 Inspirational Quotes to Help You End Your Toxic Relationship. Obtenido el 31 agosto de 2019, de https://pairedlife.com/breakups/25-Inspirational-Quotes-to-Help-You-End-Your-Toxic-Relationship

Daskal, L. (2016). 35 Signs You're in a Toxic Relationship. Obtenido el 27 de agosto de 2019, de https://www.inc.com/lolly-daskal/35-signs-youre-in-a-toxic-business-relationship.html

Dodgson, L. Empaths and narcissists make a 'toxic' partnership — here's why they're attracted to each other. Obtenido del 28 de agosto de 2019, de https://www.businessinsider.com/why-empaths-and-narcissists-are-attracted-to-each-other-2018-1

Energy Vampires Quiz. Obtenido el 28 de agosto de 2019, de https://psychcentral.com/quizzes/energy-vampires-quiz/

Energy Vampires: 8 Signs and Symptoms To Look Out For. Obtenido el 28 de agosto de 2019, de https://www.psychicgurus.org/8-signs-you-might-be-an-energy-vampire/

Fon, R. 7 Of The Most Harmful Narcissistic Manipulation Tactics. Obtenido el 30 de agosto de 2019, de https://iheartintelligence.com/7-narcissistic-manipulation/

Fox, R. (2015). The 32 Traits of an Empath. Obtenido el 28 de agosto de 2019, de https://blog.thewellnessuniverse.com/32-traits-empath/

Fuller, K. (2018). Overcoming the Aftermath of Leaving a Toxic Relationship. Obtenido el 29 de agosto de 2019, de https://www.psychologytoday.com/us/blog/happiness-is-state-mind/201805/overcoming-the-aftermath-leaving-toxic-relationship

Gilbert, B. (2016). Do You Have a Codependent Personality? Obtenido el 30 de agosto de 2019, de https://www.everydayhealth.com/emotional-health/do-you-have-a-codependent-personality.aspx

Greenberg, E. (2018). How to Avoid Toxic Relationships. Obtenido el 30 de agosto de 2019, de https://www.psychologytoday.com/us/blog/understanding-narcissism/201807/how-avoid-toxic-relationships

Holland, K. (2018). How to Recognize and Respond to Energy Vampires at Home, Work, and More. Obtenido el 29 de agosto de 2019, de https://www.healthline.com/health/mental-health/energy-vampires

Kassel, G. (2019). 11 Signs You're Dating a Narcissist — and How to Deal with Them. Obtenido el 28 de agosto de

2019, de https://www.healthline.com/health/mental-health/am-i-dating-a-narcissist#1

Lancer, D. (2018). Symptoms of Codependency. Obtenido el 30 de agosto de 2019, de https://psychcentral.com/lib/symptoms-of-codependency/

Love, L. (2019). 13 Signs You have Energy Vampires in Your Life. Obtenido el 29 de agosto de 2019, de https://www.finerminds.com/happiness/13-signs-that-youre-being-drained-dry/

Luna, A. 27 Signs of a Toxic Relationship (Everything You Need to Know). Obtenido el 28 de agosto de 2019, de https://lonerwolf.com/toxic-relationships/

Luna, A. Dear Empaths: 4 Types of Narcissists You May Be Attracting. Obtenido el 28 de agosto de 2019, de https://lonerwolf.com/empaths-and-narcissists/

Malkin, C. (2013). 5 Early Warning Signs You're With a Narcissist. Obtenido el 27 de agosto de 2019, de https://www.psychologytoday.com/us/blog/romance-redux/201306/5-early-warning-signs-youre-narcissist

Meyers, S. (2012). Loving Broken Men: Rescuing Mr. Potential, Part 1. Obtenido el 29 de agosto de 2019, de https://www.psychologytoday.com/us/blog/insight-is-2020/201207/loving-broken-men-rescuing-mr-potential-part-1

Milstead, K. The Emotional Hell of Going No Contact with a Narcissist. Obtenido el 30 de agosto de 2019, de https://fairytaleshadows.com/emotional-hell-going-no-contact-with-a-narcissist/

NerdLove. (2016). Enforcing Your Boundaries. Obtenido el 30 de agosto de 2019, de https://www.doctornerdlove.com/enforcing-your-boundaries/

Neuharth, D. (2017). 11 Ways to Set Boundaries with Narcissists. Obtenido el 31 de agosto de 2019, de https://blogs.psychcentral.com/narcissism-decoded/2017/06/11-ways-to-set-boundaries-with-narcissists/

Ni, P. (2019). 7 Ways Narcissists Manipulate Relationships. Obtenido el 31 de agosto de 2019, de https://www.psychologytoday.com/us/blog/communication-success/201903/7-ways-narcissists-manipulate-relationships

Ni, P. (2014). 10 Signs That You're in a Relationship with a Narcissist. Obtenido el 28 de agosto de 2019, de https://www.psychologytoday.com/us/blog/communication-success/201409/10-signs-youre-in-relationship-narcissist

Orloff, J. Could You Be in Love with an Energy Vampire? Obtenido el 30 de agosto de 2019, de https://drjudithorloff.com/could-you-be-in-love-with-an-energy-vampire-video/

Schoenwald, C. (2016). You Can't Fix Somebody Who Doesn't Want To Be Fixed. Obtenido el 29 de agosto de 2019, de https://www.yourtango.com/2016286163/why-was-only-attracted-damaged-men

Stages of Recovery after Narcissist Abuse. Obtenido el 29 de agosto de 2019, de https://narcissistabusesupport.com/stages-of-grief-after-narcissist-abuse/

Walter, A. (2019). 50 inspiring quotes for highly sensitive people and empaths. Obtenido el 31 de agosto de 2019, de https://hisensitives.com/50-inspiring-quotes-for-highly-sensitive-people-and-empaths/

Wright, M. 21 Stages Of The Relationship Between A Narcissist And An Empath. Obtenido el 30 de agosto de 2019, de https://thepowerofsilence.co/21-stages-of-the-relationship-between-a-narcissist-and-an-empath/

Youssef, E. (2016). Dear Selfless Women, This is Why we Attract Men who Need Fixing. Obtenido el 30 de agosto de 2019, de https://www.elephantjournal.com/2016/02/dear-selfless-women-this-is-why-we-attract-men-who-need-fixing/

Z, S. (2018). Why Empaths Tend To Attract Narcissist Partners. Obtenido el 28 de agosto de 2019, de https://www.7thsensepsychics.com/stories/empaths-tend-attract-narcissist-partners/

Did you love *Atracción Tóxica*? Then you should read *El Despertar Del Empático - Cómo Dejar de Absorber el Dolor, Estrés, Energía Negativa de Otros y Comenzar a Sanar: Una Guía de Supervivencia Para Principiantes Para Personas Altamente Sensibles*[1] by Kara Lawrence!

¿Pareces ser milagrosamente a quien todos acuden cuando necesitan compartir sus problemas? ¿Te sientes agotado después de las palabras, exhausto, como si de alguna manera estuvieras asumiendo la carga de su dolor?

---

1. https://books2read.com/u/4j2VKD
2. https://books2read.com/u/4j2VKD

¿Alguna vez ha estado en una habitación llena de gente, sólo para ser repentinamente golpeado por un sentimiento de miedo, tristeza o soledad, como si viniera de la nada?

Tal vez haz empezado a sentir que, de alguna manera, los sentimientos de estrés, ansiedad o depresión que no son tuyos se están filtrando en tu vida a través de la exposición a los demás.

En otras palabras, ¡sospechas que eres un empático!

Las personas altamente sensibles no sólo pueden detectar, sino también sentir las emociones de las personas que les rodean, y esto a menudo les deja indefensos y vulnerables a experiencias emocionales duras y no deseadas, e incluso peligrosas, si no saben cómo defenderse de ellas.

Esta exposición incontrolada puede provocarte cambios de humor desorientadores, o simplemente puedes sentir un fuerte deseo de pasar tiempo a solas. Pero escapar de la multitud no siempre es la verdadera solución para evitar estas emociones o, peor aún, el peor enemigo del empático: el narcisista.

Los empáticos pueden experimentar síntomas sorprendentes, como experimentar sueños vívidos, una fuerte aversión a la violencia o que los animales o los niños se sientan atraídos por ellos. Pero una parte importante del aprendizaje de la experiencia empática es armarse con las defensas críticas que necesitas para vivir una vida pacífica y feliz.

La empatía es natural, y debes aprender a protegerte a ti mismo y a tu propia salud mental para ser capaz de usar tu don para ayudar a los demás.

Este libro es tu vía rápida para llegar allí. En él, descubrirás: Habilidades empáticas ocultas que probablemente no sepas que posees; Te sientes cansado? ¿Qué tal la mejor herramienta que los empáticos pueden usar para prevenir el agotamiento emocional?Los 8 signos reveladores de ser empático que deberías conocerHerramientas fuertes para evitar la energía negativa, y cómo auto sanarseSecretos de cómo leer la energía, y cómo usarlaDonde entra en juego la sanación con energía y cómo usarla en uno mismo y en los demásTécnicas simples pero efectivas de protección y escudo contra narcisistas y vampiros energéticosLos 9 tipos diferentes de empáticos y cómo identificar su propio tipo

Y mucho más...

Aunque creas que puedes vivir con los efectos que las emociones negativas de los demás tienen sobre ti, es posible que te afecten más de lo que imaginas, y mereces saber qué se siente al librarte de ellas. Protégete aprendiendo lo que cientos de empáticos como tú ya han aprendido; cómo finalmente DETENER la emoción negativa. **Si estás listo para aprender a dominar tu empatía, ¡ordena este libro hoy!**

Also by Kara Lawrence

Toxic Magnetism - How and Why Empaths attract Narcissists: The Survival, Recovery, and Boundaries Guide for Highly Sensitive People Healing from Narcissism and Narcissistic Relationship Abuse

Empath Awakening - How to Stop Absorbing Pain, Stress, and Negative Energy From Others and Start Healing: A Beginner's Survival Guide for Highly Sensitive and Empathic People

Am I Codependent? And What Do I Do About it? - Relationship Codependence Recovery, How to Stop Controlling, Facing a Narcissist as an Empath or Highly Sensitive Person, and Setting Boundaries

Invisible Abuse - Instantly Spot the Covert Deception and Manipulation Tactics of Narcissists, Effortlessly Defend From and Disarm Them, and Effectively Recover: Deep Relationship Healing and Recovery

El Despertar Del Empático - Cómo Dejar de Absorber el Dolor, Estrés, Energía Negativa de Otros y Comenzar a Sanar: Una Guía de Supervivencia Para Principiantes Para Personas Altamente Sensibles

¿Soy Codependiente? Y ¿Qué Hago Al Respecto? - Recuperación de la Codependencia en Las Relaciones, Cómo Dejar de Controlar, Enfrentarse a Un Narcisista Como Un Empático o Una Persona Muy Sensible

Abuso Invisible - Profunda Recuperación y Sanación de Relaciones Para Empáticos Emocionales y Personas Altamente Sensibles del Narcisismo Pasivo-agresivo, y Síndrome de Abuso Narcisista

Atracción Tóxica